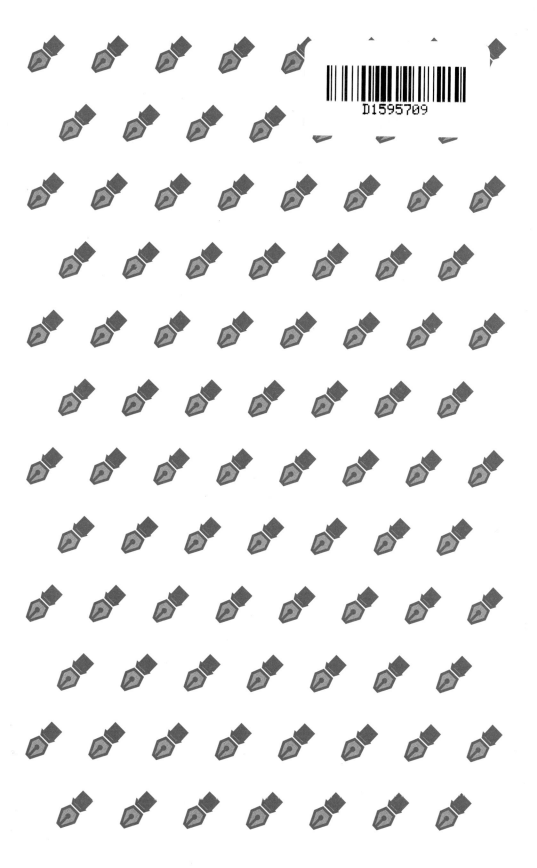

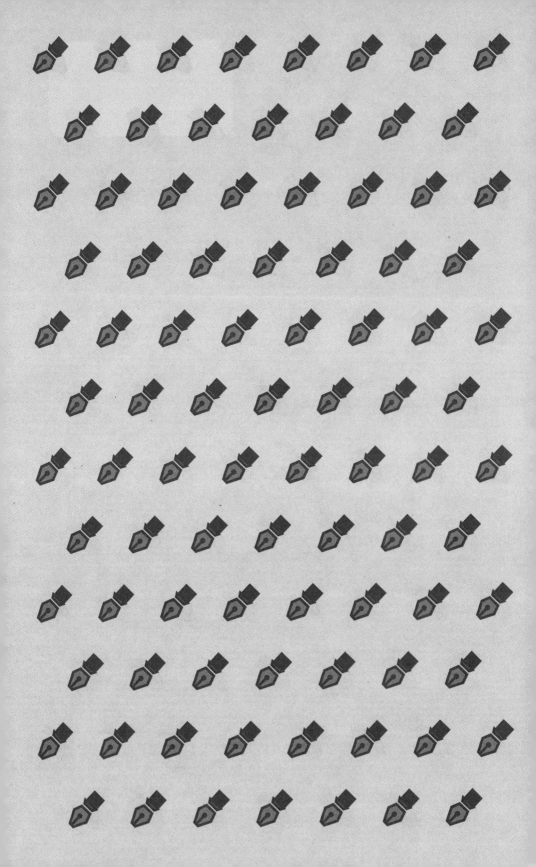

MANUAL DE escritura competitiva

MANUAL DE escritura competitiva

Eres lo que escribes: bases para una redacción efectiva

Elena Bazán

Manual de escritura competitiva
Eres lo que escribes: bases para una redacción efectiva

Primera edición: marzo, 2019

D. R. © 2018, Elena Bazán

D. R. © 2019, derechos de edición mundiales en lengua castellana:
Penguin Random House Grupo Editorial, S. A. de C. V.
Blvd. Miguel de Cervantes Saavedra núm. 301, 1er piso,
colonia Granada, delegación Miguel Hidalgo, C. P. 11520,
Ciudad de México

www.megustaleer.mx

D. R. © Estudio Todo Bien, por el diseño de cubierta
D. R. © Mariana Alfaro, por las ilustraciones de interiores
D. R. Céline Ramos, por la ilustración del juego de *Serpientes y escaleras*
D. R. © Li Guodong, por la fotografía de la autora

ISBN: 978-607-317-633-0

Esta obra se terminó de imprimir en los talleres de Litográfica Ingramex, S.A. de C.V.
Centeno 162-1, col. Granjas Esmeralda, C.P. 09810, Ciudad de México

Impreso en México – *Printed in Mexico*

El papel utilizado para la impresión de este libro ha sido fabricado a partir de madera procedente
de bosques y plantaciones gestionadas con los más altos estándares ambientales, garantizando
una explotación de los recursos sostenible con el medio ambiente y beneficiosa para las personas.

Penguin
Random House
Grupo Editorial

Mi abuela me contó que, en su tiempo, le prohibieron escribir por ser mujer. Ahora yo escribo por las dos: este libro es para ella.

Dedicado a las mujeres de mi familia, para que nuestras palabras y enseñanzas cambien nuestro mundo.

A mi gente, que creyó y me acompañó.

Agradecimientos

El editor es un constructor del mundo, por eso le agradezco a César Arístides, mi editor y amigo, por levantar uno con más y mejores textos. Este libro nació debido a la emoción por las palabras, que nos caracteriza a ambos. Gracias.

Elena, desde nuestra primera conversación sobre: "¿Cómo se dice allá...?", no hemos parado. Eres un ejemplo a seguir. Gracias por darte el tiempo y ser parte de esta primera aventura.

Diana, aprendí de ti que la comunicación y las palabras merecen un cuidado excepcional. Gracias por tu apoyo en cada una de estas páginas.

Agradezco a todos los profesionales del lenguaje que me han instruido y ayudado a crecer en esta profesión con sus cátedras, libros, ponencias, publicaciones, organizaciones, conversaciones. Tengo la fortuna de contar con amigos muy queridos en este medio que me han compartido y enseñado el cariño y respeto por nuestra profesión.

Gracias a mi lector, que tiene el interés de ser grande a través de sus textos. ¡Enhorabuena!

"Nada podrá medir el poder que oculta una palabra."
ÁLEX GRIJELMO

Índice

Prólogo

Elena Hernández[1]

Casi todos somos hoy, en mayor o menor medida, escritores: nos comunicamos cada vez más mediante mensajes de texto y menos hablando por teléfono; diariamente transmitimos información, compartimos nuestros sentimientos y expresamos nuestra opinión a través de textos escritos en blogs y redes sociales; en el trabajo debemos redactar con frecuencia documentos de muy diverso tipo (cartas, correos electrónicos, informes, folletos, páginas web...). Y de la imagen que proyectan de nosotros los textos que escribimos depende, en buena medida, el juicio de los demás sobre nuestras capacidades. No sin acierto reza uno de los propósitos de este libro: "Eres lo que escribes", que la autora parafrasea en sus páginas como: "Dime lo que escribes y te diré quién eres",

1 Elena Hernández (Madrid, 1964). Licenciada en Filología hispánica por la Universidad Complutense de Madrid, se incorporó en 1988 al Seminario de Lexicografía de la Real Academia Española como redactora del *Diccionario histórico de la lengua española* (publicado por la RAE en fascículos, de 1960 a 1996). Durante seis años (1994-1999) formó parte del equipo técnico del *Diccionario del español actual,* de Seco, Andrés y Ramos (Aguilar, 1999), uno de los mejores diccionarios de español y el único centrado exclusivamente en el español europeo. Asimismo, colaboró con Manuel Seco en la revisión de la décima edición de su *Diccionario de dudas y dificultades de la lengua española* (Espasa-Calpe, 1999) y es coautora de la versión abreviada de dicha obra, titulada *Guía práctica del español actual. Diccionario breve de dudas y dificultades* (Espasa-Calpe, 1999). Desde 1998 es directora del Departamento de "Español al día" de la Real Academia Española, desde allí ha dirigido y coordinado, como redactora jefe, la elaboración del *Diccionario panhispánico de dudas* (2005) y la *Ortografía de la lengua española* (2010), así como la versión básica de esta última (2012). Como responsable del mencionado Departamento de "Español al día", dirige el Servicio de Consultas Lingüísticas de la RAE y gestiona la sección de consultas de la cuenta @RAEinforma en Twitter.

remedando un conocido dicho popular; aunque quizá fuera más preciso formularlo así: "Dime lo que escribes y te diré cómo eres"; porque nuestra manera de escribir no sé si dice quiénes somos, pero desde luego dice mucho de cómo somos: una ortografía cuidada y una expresión lingüísticamente correcta en nuestras producciones escritas revela una buena formación, interés por hacer bien las cosas y respeto por nuestro interlocutor, mientras que una ortografía deficiente y una expresión descuidada manifiesta desinterés por los detalles, apresuramiento o, en casos extremos, un dominio insuficiente de las destrezas básicas de la lectura y la escritura. Los errores, en especial los ortográficos, aún tienen hoy un elevado costo en términos de imagen personal y corporativa. Por ello, un buen uso de la lengua es la mejor carta de presentación en cualquier ámbito, ya sea personal, profesional o académico.

Y no solo por razones estéticas: si queremos que llegue a los demás *lo que decimos*, debemos cuidar, en primer lugar, *cómo lo decimos*. La garantía de una comunicación escrita eficaz pasa en primer término por que nuestro texto esté bien compuesto; si no, la comunicación se resiente, pues los errores, sean de índole ortográfica o gramatical, desvían la atención del lector, generan desconfianza hacia el autor y merman la credibilidad del mensaje.

Pero escribir bien no solo consiste en componer adecuadamente un texto desde el punto de vista de su materialidad lingüística: hay que construirlo con eficacia desde el punto de vista de su intención comunicativa; porque escribimos para ser leídos, para transmitir mensajes con una finalidad concreta. Los elementos lingüísticos, esto es, las letras, los signos ortográficos, los vocablos y las reglas morfológicas y sintácticas que aplicamos para combinarlos y construir con ellos enunciados gramaticalmente correctos son solo las herramientas, los útiles que el sistema de la lengua pone a nuestra disposición. Redactar es, también, saber qué queremos decir, a quién nos dirigimos, a través de qué medio, en qué contexto o situación comunicativa y con qué finalidad. Solo cuando hayamos analizado y fijado esos parámetros estaremos en condiciones de seleccionar, de esa caja de herramientas que es el sistema lingüístico, aquellas que nos ayuden a construir el texto más eficaz posible, el más competitivo.

Este libro pretende, entre otras cuestiones que tienen que ver con una escritura clara y correcta, sentar las bases para una escritura competitiva: una escritura, pues, no solo competente desde el punto de vista lingüístico, sino competitiva desde el punto de vista comunicativo, social. Su objetivo: que nuestros textos, que a menudo nos preceden en el conocimiento que los demás tienen de nosotros, nos dejen en buen lugar; mejor dicho: nos pongan en el mejor lugar para alcanzar nuestras metas.

A este fantástico empeño, en el mundo hipertextualizado de hoy, dedica su autora las páginas de este libro. Aprovechémoslo.

A manera de introducción

Por qué cuestionar
nuestra propia escritura

La oralidad ya no es el recurso primario para comunicarnos. En la actualidad nos entendemos a través de las pantallas, por lo que, de alguna manera, nuestra escritura se ha convertido en nuestra persona. En adelante, esta es la realidad que quiero que consideres. Vivimos y nos comunicamos así, pero no hemos sido muy conscientes hasta ahora, por eso hay tantas carencias en las redacciones que nos rodean.

En esta vida de producción escrita activa que llevas, todo lo que redactas depende únicamente de ti. Cada vez tienes que escribir más trabajos, documentos, proyectos, reportes, opiniones, mensajes... y ha aumentado la responsabilidad, ya que estás superpresente en tus redes sociales y hasta te has convertido en una figura pública por escrito. Hablas más por medio de mensajes de texto que con tu lengua. Además, ya te habrás dado cuenta de que manejas muchas y muy distintas temáticas y contenidos, que te comunicas con mucha gente al mismo tiempo, que a la vez son personas a quienes no puedes tratar de la misma manera. En este contexto, ahora más que nunca es importante cuidar la identidad de tus publicaciones por medio de criterios y con el correcto manejo de habilidades comunicativas.

Los entornos escolares y laborales también han cambiado, son cada vez más digitales, incluso menos presenciales, con herramientas, programas y aplicaciones que se actualizan constantemente, y todos ellos contemplan recursos escritos.

La vida por escrito es complicada, muy demandante; requiere de constante actualización y consulta, y es cada vez más competida. No lo olvides: todas tus palabras pueden ser usadas en tu contra. ¿Has considerado que requieres prepararte para que tu escritura trabaje a tu favor? Te advierto y aseguro que debes hacerlo.

Para mí, no se trata de escribir bien, sino competitivamente. Cuando llega el momento de alcanzar cualquier meta y destacar, jóvenes y adultos no suelen estar bien preparados en competencias de escritura y comprensión lectora, lo que repercute directamente en una comunicación escrita con faltas de ortografía, errores gramaticales y sintácticos, y planteamientos confusos. Por otra parte, tenemos poca capacidad en habilidades indispensables para transmitir las ideas: síntesis, exposición, referenciación, argumentación, coherencia, cohesión, objetividad y veracidad.

La redacción es una herramienta de comunicación. Es un conducto por el cual compartimos, exponemos, demandamos, manifestamos y aclaramos nuestras ideas. La meta de una escritura competitiva es comunicar nuestras ideas y mensajes, adecuada y correctamente.

Que estés leyendo este libro no significa que ya sepas exactamente de qué pie cojeas o, por el contrario, que lo sepas todo y no haya más que consultar. Mi propuesta es que dudes, para que así encuentres más recursos, y que navegues por todos los capítulos, para que abordes materias que tal vez no conocías.

Cómo leer este libro

¡Bienvenido a tu libro de consulta-inspiración-guía-acompañamiento para la escritura competitiva!

Esta obra es para jóvenes, adultos jóvenes, adultos, estudiantes y profesionistas, aficionados o especialistas del lenguaje, y su contenido puede aplicarse para cualquier disciplina, **canal** y **situación comunicativa**. Porque el manejo competitivo de la redacción no se limita a ninguna especialidad, intención ni edad, al contrario, se exige en todos los ámbitos. Así, este libro ha sido pensado para estudiantes de nivel medio y superior, para jóvenes que se enfrentan a su primer trabajo —en un mundo laboral tan demandante e inestable a la vez, no es poca cosa—, para no tan jóvenes que tienen nuevos retos en sus compañías, cargos o proyectos personales, para los emprendedores que llevan su propia comunicación de empresa, para los que gustan de escribir, para quienes la redacción es parte esencial de sus labores o incluso el eje de su trabajo. Asimismo para aquellos que se sienten seguros de sus conocimientos del español, de la ortografía, pero saben que pueden ir más allá, pues tienen el ímpetu de mejorar. Los recursos aquí planteados son ese pequeño empujón.

No es fácil, pero tampoco imposible, mejorar tus redacciones por cuenta propia. Para eso existe este libro, para generar un registro puntual de tus problemas al escribir; es una guía práctica en tanto expongo casos y cuestionamientos comunes de la lengua y su ortografía.

Esta obra también es un material de consulta; puedes dirigirte directamente al capítulo que sea de tu interés o en el que resuelvas una duda específica, pero te recomiendo que no pierdas de vista el resto, pues diversos los aspectos comunicativos de la lengua están conectados todo el tiempo y los diferentes apartados que desarrollo te ayudarán en distintos momentos de tu redacción. Todo conocimiento sobre el lenguaje y la escritura es complementario.

Como autora, pretendo que asimiles este libro como un reto y un aliado, imagina que es el compañero de pupitre que te *sopla* la respuesta a una pregunta que explicaron justo el día que faltaste a clase, pues resulta que la situación actual de la redacción es la misma: no estamos del todo preparados para enfrentarnos a una hoja en blanco, ya sea en pantalla o en papel.

Esta obra puede ir contigo a la escuela, acompañarte en la mesa de la habitación en la que haces la tarea, a la biblioteca donde estás desarrollando tu investigación para esa tesis que ya quieres terminar, en tu mochila o en tu bolso de trabajo, en un cajón de tu despacho o, mejor aún, colócalo en tu escritorio, para que tus colegas aprecien que te tomas en serio tu redacción. Porque, créeme, es un gran valor en los trabajos de hoy en día.

Aquí no nos vamos a poner tan serios. Para entender los temas en estas páginas sobre lengua y escritura, que en realidad son muy complejos y a los que anteceden cientos de años de estudios, publicaciones y opiniones, los abordo de una manera directa, sencilla, cercana al redactor que eres tú en el día a día.

Y para entusiasmarte todavía más, te invito a que leas el prólogo que abre este libro. Elena Hernández tiene una larga trayectoria como filóloga y lexicógrafa, desde 1998 es la directora del Departamento de "Español al día", dirige el Servicio de Consultas Lingüísticas de la Real Academia Española (RAE) y gestiona la sección de consultas de la cuenta @RAEinforma en Twitter. Si le has preguntado algo a la Academia, ella y su equipo son los que te contestaron desde las dudas más comunes hasta las más complejas del idioma.

Como planteo más adelante, la escritura es una construcción. Y así está estructurado este libro. Encontrarás en sus páginas los elementos de la redacción que considero básicos en su listado, pero profesionales en su totalidad, para que construyas textos cada vez más profesionales, eficaces, adecuados y correctos. Empiezo por definir qué es la redacción competitiva y por qué podría ser que, contrario a lo que te dices, no estés en ese nivel. Hay que empezar por precisar cómo transmitimos nuestras ideas y los tipos de texto que solemos manejar.

Un apartado que te invito a estudiar detenidamente es el que aborda la importancia de la lectura en relación con la escritura. Para mí, toda mi profesión empieza con esta reflexión.

Cuando llegues al capítulo sobre léxico, te sorprenderás de lo mucho que significa la elección de cada palabra que escribes, pues hacerte con tu léxico es construirte también como escritor.

Por su parte, la ortografía del español es un tema que conlleva miles de páginas de explicación; no podremos profundizar como lo hacen tantos especialistas e instituciones dedicados desde hace cientos de años a definir, pulir y dar esplendor a las bases del español, pero sí he recuperado elementos que conjugan algunas de las dudas más comunes. Así, tendrás un recorrido breve, pero que te dará bases sólidas para no tropezar con la misma piedra dos veces.

Y como somos muy buenos para repetir dichos, frases, refranes, decálogos... una manera para que repliques y compartas todos los aprendizajes de esta obra son los mandamientos de la escritura competitiva: un listado de lo imperdonable y de lo imprescindible.

Aquí no hay superioridad alguna ni pretendo que la mía sea la última palabra, pero tal vez sí la primera... pues mi principal interés como profesionista de la lengua es que te cuestiones por qué escribes lo que escribes y cómo lo haces. Que lo que aprendas aquí sea el ímpetu para seguir mejorando tus habilidades como escritor, lector, persona que se comunica con su entorno. Comparto mi experiencia y la de tantos otros —esos sí, grandes del lenguaje—

a quienes consulto todos los días. Por ello dedico un capítulo a recursos bibliográficos para que conozcas, a mi parecer, a los autores más destacados o citados de cada área que abordaremos a lo largo de estas páginas. Quiero apuntar que esta obra está al día, en gran parte, porque tomo como referencia los soportes más cotidianos y por la consulta en libros de autores e instituciones que están siempre a la vanguardia con las necesidades o cuestionamientos de los hispanohablantes; es bueno saber que la lengua tiene tanto vigor y es tan independiente que avanza muy rápido. Así que no dejes de actualizarte por tu cuenta, para lo que también agrego muy variadas referencias electrónicas y bibliografía que servirán para este propósito.

Al final del libro incluyo un breve glosario de los términos más recurrentes y especializados que menciono, para que vayas directamente a ellos y puedas regresar a tu lectura y dominarla. Las palabras destacadas en **negritas** son las que encontrarás definidas en la última sección.

A lo largo de los capítulos encontrarás dos elementos de apoyo para tu lectura: ejercicios y reflexiones. Están ahí para que hagas un alto en el camino y medites sobre los temas que se desarrollan en cada apartado del libro. Las reflexiones destacan ideas principales de mi propuesta de comunicación competitiva, están pensadas para darte claridad cuando te atores en algún escrito; funcionan asimismo como señales de recapitulación, para que retomes tu lectura en los apartados que sean de mayor interés o necesidad para ti.

Por último, te sugiero que tengas un cuaderno a la mano; sí, también puedes recurrir a tu aplicación de notas en el celular o a un archivo en Word, pero insistiré en que sean pluma o lápiz y papel, pues verás que, dentro de la especialización que supone esta obra, volveremos a lo básico: que ejerzas tu capacidad de esbozar ideas, que con trabajo y revisión se convertirán en oraciones concretas, en párrafos organizados y, posteriormente, como es el objetivo, en textos competitivos.

En un encuentro que tuve en Pekín con dos amigas, una mexicana que lleva viviendo doce años allá y otra china, la primera dijo que aunque vive en China y habla mandarín, escribe tan poco sobre papel que prácticamente ha olvidado cómo escribir sus caracteres, ¡incluso su propio nombre en chino! En esa conversación Vero y yo lo atribuimos a la dificultad de ese idioma. Pero lo que me consternó fue el comentario de mi segunda amiga, Jia: comienza a ser un fenómeno que los chinos olviden cómo escribir sus caracteres a mano. Debido a nuestro mayoritario uso de aparatos electrónicos, teclas y botones, la práctica de la redacción caligráfica ha mermado considerablemente, y como consecuencia la habilidad de escribir a mano se ha visto muy afectada. Escribir a mano es un ejercicio de memoria y de destreza, te hace pensar cómo se conforma una palabra y con ello creas conciencia de su escritura. Por eso insisto en el uso de un cuaderno, ya que te servirá para realizar algunos ejercicios o para aplicar a tu texto o experiencia los casos prácticos que anoto. Pero tranquilo, no será un libro de práctica ortográfica. Pretendo algo más.

Uno de mis objetivos con esta publicación es inspirarte para que vayas más allá de tu ejercicio cotidiano de redacción, tanto en la calidad y el tiempo que le dedicas, como en la aplicación de recursos nuevos para ti, empezando por los que abordo en esta obra. Pero **principalmente me interesa que las páginas que he escrito te inviten a cuestionarte sobre lo cotidiana y muy necesaria que es la escritura en todos los aspectos de nuestra vida**; la redacción es un pilar de la realidad. Como he dicho, hablas más por medio de mensajes de texto que con tu lengua. Sin importar tu especialidad, actividades o intenciones comunicativas, enfocarte en mejorar tu escritura es generar buenos frutos en otros aspectos de tu vida.

Recuerda, las palabras son tu imagen, y tú quieres reflejar en cada texto la seriedad y la calidad de tu redacción. **Tu escritura debe ser competitiva en un mundo en el que cada vez hablamos menos de frente y más a través de la pantalla.** Así, este libro es una herramienta para una actualidad marcada por múltiples formas de escritura.

Sin más y con mucho gusto, ¡adelante!

Capítulo 1

Redacción competitiva

¿Detestas que no te tomen en serio? ¡Yo sí! Por eso decidí ser una persona de escritura seria en la vida. Para mí, los mensajes que voy soltando al mundo en mis diversas **plataformas de escritura** —ya sean asuntos profesionales o personales— no tienen como primera finalidad ser leídos, sino entendidos.

La escritura es una herramienta de comunicación. Es un conducto por el cual transmitimos nuestras ideas, sentimientos, necesidades, responsabilidades... o sencillamente decimos: "Aquí estoy."

No vamos a partir de escribir bien o mal, porque en principio todos pretenderíamos hacer correctamente las cosas desde el primer intento; además, si estás consultando este libro significa que tienes una edad-de-escritura muy desarrollada. Por lo tanto, no se trata de escribir de manera aceptable, sino competitivamente.

La redacción competitiva contempla no solo una correcta ortografía —trascendental, pero no el único aspecto en la comunicación escrita que debe cuidarse— o la consecución de párrafos delimitados, sino el dominio de los elementos que construyen una más puntual, más concisa y más transparente redacción: que tus líneas de texto digan correctamente y con **coherencia** y **cohesión** todo lo que pretendes comunicar; que no falte ni sobre nada en esas palabras y, sobre todo, que hablen por ellas. ¿Cómo llegar ahí? Por medio de la delimitación de ideas, ortografía, léxico, recursos de consulta, **referencias** de autoridades, revisión, autocorrección, aplicación de los conocimientos de tus lecturas previas, análisis de los participantes en tu comunicación, dominio de tu entorno comunicativo, eliminación de muletillas, repeticiones y otros vicios que suelen reproducirse del habla al papel o a la pantalla, **corrección**, precisión, legibilidad, cumplimiento de las necesidades del discurso, progresión temática, concisión... Esa conciencia y correcta aplicación es redacción competitiva. Lo que enlisto, y que desarrollo a lo largo del libro, como características de este tipo de redacción puede aplicarse en toda palabra escrita, incluso en tus comunicados en monosílabos. Digo que puede porque también podría ignorarse, incluso así estaríamos escribiendo, pero no competitivamente... Y ahí es donde queremos llegar.

Hablar de competencia como habilidad o capacidad en la tarea de escribir está directamente relacionado con competitividad, o sea, con el mundo al que nos enfrentamos. La competitividad es la "rivalidad para la consecución de un fin".[2] ¿Qué significa esto en nuestro contexto más inmediato? Tan solo en nuestro país somos más de 123 millones de mexicanos dándolo todo, y la mitad de esa población (65.2 millones) tiene 29 años o menos.[3] Sin importar tu

---

2 RAE, "Competitividad". dle.rae.es/?w=competitividad (12/07/2018).

3 *El Economista*. "México cuenta con 123.5 millones de habitantes". www.eleconomista.com.mx/politica/Mexico-cuenta-con-123.5-millones-de-habitantes-20170710-0116.html (10/07/2017). México: Instituto Nacional de Estadística y Geografía (Inegi), 2017. www.beta.inegi.org.mx/datos/?t=0200000000000000.

edad, calcula que esa generación de jóvenes y adultos jóvenes es tu competencia directa. Y para aquellos con más años de experiencia, también es un desafío, pues las empresas cada vez restringen más la edad de contratación. Sí, no todos nos capacitamos igual o tenemos las mismas oportunidades, ni estamos en el mismo espacio geográfico ni industria, por lo que esta cifra tan extrema se va reduciendo según nuestro entorno escolar o laboral; pero su totalidad, que es una realidad, es el reflejo más claro de la competitividad. Y hagas lo que hagas, en la disciplina en la que te desenvuelvas, redactas, y redactas muchos tipos de texto. Nuestra actualidad es cada vez más competitiva y depende cada vez más de lo escrito. Recapacita en la competencia —como competitividad y habilidad— de la escritura.

Lo sé, no dedicamos todo el día a la escuela, al trabajo o a la escritura como un pasatiempo o profesión, pero resulta que esa otra actividad que nos ocupa varias horas se basa también en la redacción: navegar en internet. En México, según datos del estudio más reciente de la Asociación de Internet (Amipci),[4] de las 24 horas del día, 8 estamos conectados a internet y 83% de nuestro tiempo en línea se lo dedicamos a las redes sociales. Entre las más populares están —en orden— Facebook, WhatsApp, YouTube, Twitter e Instagram; en México el promedio de redes que posee cada usuario es cinco. Las tres principales actividades que hacemos en internet son el acceso a redes sociales, enviar y recibir correos electrónicos, enviar y recibir mensajes instantáneos o llamadas.

---

4 Asociación de Internet. "13 Estudio sobre los Hábitos de los Usuarios de Internet en México 2017", mayo 2018. México: https://www.infotec.mx/work/models/infotec/Resource/1012/6/images/Estudio_Habitos_Usuarios_2017.pdf (20/05/2018). https://www.infotec.mx/work/models/infotec/Resource/1012/6/images/Estudio_Habitos_Usuarios_2017.pdf (20/05/2018).

Esto significa que lo que más hacemos cuando estamos conectados es leer o escribir.

Por su parte, el promedio de edad de los usuarios que más se conectan es, primero, de 12 a 17 años (21%), seguido de 18 a 34 años (18%). Esos jóvenes y adultos jóvenes constituyen un sector muy representativo en la rivalidad de nuestra cotidianidad, tanto en ámbitos laborales como sociales, porque son quienes están creando más contenidos en internet.

Así que, si a un estudiante le preocupa entregar un trabajo final o duda sobre cómo respondió su examen, cuando llegue el momento de iniciar su vida laboral lo que sentirá será temor. Muy pronto todo se reduce a una larga tesis con dos o más sinodales hurgando en cada detalle, a ese mensaje de texto en el grupo de WhatsApp godínez, al presupuesto para entregar al jefe, al correo electrónico que se volverá un largo hilo que se reenviará a todo el departamento de la empresa, a la propuesta de emprendimiento que concursará por un financiamiento, a las publicaciones en redes que todos comentarán, a que se tomen en serio la carta de renuncia en la que se acusa a la compañía de poco profesional... y en la que no puede haber faltas de ortografía porque entonces el poco profesional será quien la redactó.

Entiende: **escribir significa todo. Porque para todo se necesita escribir.** Así que quien esté mejor preparado tendrá mayores posibilidades de triunfar en la meta concreta, desde que no le regresen a uno la tesis para reescribirla toda hasta ser el candidato mejor posicionado para ese trabajo al que tantos otros se han postulado. ¿Cómo competir con nuestra redacción si no somos competitivos?

Hay cuatro elementos que constituyen la base de la escritura competitiva: adecuación, dominio del entorno comunicativo, corrección y revisión. En este primer capítulo abordaremos los tres primeros, pues el cuarto tiene su propia sección en "Sé autosuficiente en tus redacciones. Cómo resolver tus propias dudas", del segundo capítulo.

ADECUACIÓN es volver apropiado el mensaje: comunicarlo en el contexto, en el canal y con la enunciación adecuados para la situación. En otras palabras, es el proceso de adaptación como hablante o escritor a los que escuchan o leen. Se trata de amoldarse en un situación comunicativa (quién dice; qué dice; quién escucha; en qué formato se lee o en qué espacio oye; en qué contexto social, cultural, temporal...), apropiarse de esos aspectos para lograr una **intención comunicativa**, el propósito del mensaje: que alguien se entere de algo, que se note que estás molesto, que volteen y te escuchen con atención, que te debatan o te den la razón...

La adecuación es asimismo la capacidad del escritor de insertarse dentro del **ENTORNO COMUNICATIVO**, segundo elemento de la escritura competitiva. Para su dominio revisa los tres siguientes elementos en cada mensaje, que, por supuesto, deben ser adecuados en cada caso:

Contexto	¿Quién más participa en la conversación? ¿Quién leerá o replicará tu mensaje? ¿Qué interlocutores están contemplados para la lectura? ¿Hay alguna circunstancia de la que pueda depender el mensaje? ¿Cuando lo vas a decir es el momento más propicio para que se reciba tu comunicado?... Tú sabes que no todas las situaciones son adecuadas para mencionar ciertos temas. Digamos que en el velorio no se habla de la fiesta y que en la fiesta no se habla del difunto. Si tú crees que te van a contestar: "Calladito te ves más bonito", entonces no es el momento.	Pregúntate: ¿Mi contexto es adecuado o no? Si no es adecuado, entonces es inadecuado, y tú no quieres o no es conveniente dar un mensaje en un contexto, en un momento o a los interlocutores inadecuados.
Canal	¿En qué formato o plataforma produces el mensaje? ¿Es oral o escrito? Si es escrito, ¿redactaste a mano en un papel? ¿Es un documento en computadora? ¿En qué programa? ¿Se trata de un mensaje de texto con opción a poner emojis y *gifs*? ¿Cómo recibirán los interlocutores tu texto, en qué plataforma? ¿Un correo electrónico, una impresión que repartirás personalmente, un mensaje de texto para un usuario o un grupo? ¿Esperas una réplica inmediata?	Pregúntate: ¿Es adecuado o no el canal elegido? Si no es adecuado, entonces es inadecuado, y tú no quieres o no es conveniente dar un mensaje en un canal inadecuado.

| Enunciación | La enunciación incluye tanto qué es lo que vas a decir como la manera en la que te diriges a tu interlocutor. La pregunta clave para enunciar tus ideas es: ¿Cómo lo dices?, y, a su vez, es importante que el "cómo lo dices" se relacione con el registro[5] que vas a utilizar:
• Formal
• Estándar
• Coloquial o informal | Según el contexto, pregúntate: ¿Es adecuado o inadecuado el registro seleccionado? ¿Estoy enunciando mi mensaje acorde con este registro? Si no es adecuado, entonces es inadecuado, y tú no quieres o no es conveniente enunciar tu mensaje o seleccionar un registro inadecuado según tu interlocutor. |

Figura 1

El objetivo de una redacción competitiva es comunicar nuestras ideas y mensajes adecuadamente, dominando el entorno comunicativo, y eso implica el contexto, el canal y el enunciado.

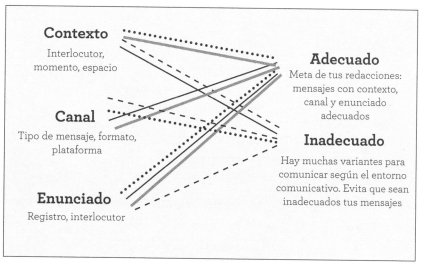

Figura 2

[5] Ve al apartado "Qué escritor quieres ser hoy".

Dominar los elementos de la figura 2 lleva a la competencia comunicativa, que no es otra cosa que saber configurar nuestra habla, ser conscientes de la intención comunicativa de cada mensaje, de los recursos con los que contamos para configurar un mensaje —explotar los conocimientos sobre el lenguaje— y utilizarlos adecuadamente —amoldar el habla a todo lo que nos rodea—.

Para identificar, comprender y después dominar el entorno comunicativo en cualquier comunicación, hablada o escrita, hay cuatro piezas clave:

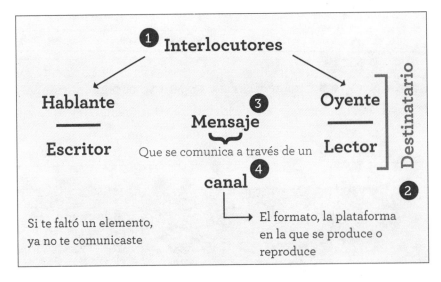

Figura 3

Y a partir de estas —hablante, oyente, mensaje y canal—, las posibilidades se modifican dependiendo de cuál sea la intención comunicativa, por lo que el esquema de la figura 3 será único según el mensaje a redactar. No olvides que todos los participantes del circuito del habla son indispensables; puedes multiplicar sus elementos, pero no restar ninguno de las cuatro piezas clave. Si se obvia alguno o resulta que uno o más son inadecuados, entonces ¡ya no te comunicaste adecuadamente!... porque muy posiblemente algo quedará en el aire, habrá dudas de qué se quiso decir o no recibirá el texto la persona a la que estaba destinado. ¿Ves la importancia de la **adecuación** y del dominio del entorno comunicativo?

Ahora hablemos del tercer elemento de la escritura competitiva: **CORRECCIÓN**. Entendamos "correcto" en dos niveles: la ausencia de errores y la redacción según las normas y sus excepciones del español. Más adelante abordaremos lo trascendental que son la revisión de dudas y la consulta de normas, excepciones y sugerencias de uso del idioma [o da un brinco al apartado "Sé autosuficiente en tus redacciones. Cómo resolver tus propias dudas" en el capítulo 2 si no puedes esperar más].

Uno de mis ejemplos favoritos es la fotografía de un letrero en un baño público sobre el dispensador de papel para secar las manos. Llegó a mí en un chat de grupo y dice:

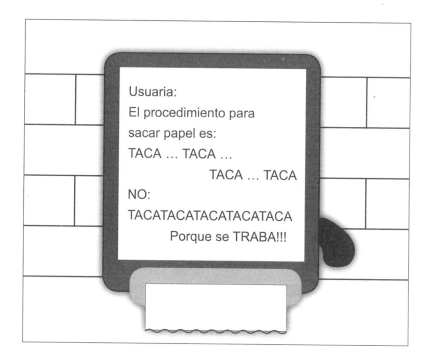

Este texto no se corrigió: hay faltas de ortografía en el manejo de los signos, espacios y abuso de mayúsculas, pero admito que su resolución es original, porque ¡el mensaje es clarísimo!: si mueves la palanca según el sonido que se interpreta en el tarareo del letrero, se trabará o no la máquina. El redactor tenía clara la idea a comunicar (cómo utilizar el aparato para evitar que se interrumpa el mecanismo), pero no sabía cómo redactar correctamente el aviso.

Otro ejemplo: leí en un pesero —o pesera, camión, depende de la ciudad y el país en que te subas a este transporte público urbano— esta instrucción que es muy directa y concisa, aunque con faltas ortográficas y mayusculitis:

ANTISIPE SU BAJADA
NO ME DIGA AQUÍ BAJO

Tanto en el "taca, taca" como en el "antisipe su bajada", las notificaciones se entienden —ni vas a trabar la palanca del papel ni se te va a pasar la parada por gritarle al conductor "Aquí bajo" en vez de tocar el botón a tiempo—, logran la comunicación, pero no es competitiva.

●●●

UN BREVE COMENTARIO SOBRE LA COMUNICACIÓN ORAL Y ESCRITA
Todos los seres humanos, sea cual sea nuestra lengua materna, aprendemos a comunicarnos de la misma manera: con la oralidad.

Y con el tiempo nos vamos perfeccionando como hablantes. De hecho, este es el estado más cómodo y legible de la comunicación. Cuando hablamos de frente podemos hacernos entender, incluso a pesar de lo complejo y hasta ilógico del mensaje, porque tenemos dos elementos clave capaces de salvar todos los vacíos de una comunicación limitada: la gestualidad y nuestro **interlocutor** con cara de "¿¡Qué #%*X$# (inserta tu palabra favorita) dices!? ¡Explícate!".

Primero, nuestras manos, nuestro cuerpo, los gestos que hacemos con la cara, incluso sonidos como una risa o un gruñido, dicen muchísimo y participan en la comunicación como complementos de las palabras. Por ejemplo, las comillas en el aire —no digas que no las usas para enfatizar ironía— son un gesto sobreentendido por la mayoría y su interpretación es transparente, incluso para "decir" con un gesto todo lo contrario de lo que estamos exponiendo con nuestras palabras. ¿Confuso para quien nos escucha? ¡Para nada! Porque estamos frente a nuestro interlocutor, quien reconoce ese gesto y que facilita el entendimiento del mensaje.

Por naturaleza, somos seres gestuales: nos encanta enfatizar y movernos mucho mientras hablamos, y está bien. Si eres de los que hasta brincan al contar una anécdota, eres un comunicador oral nato. Pero hay un límite en ese recurso, más allá de parecer exagerado o estridente, y es el paso de la oralidad a la escritura.

Piensa un caso en el que haya necesidad de la ironía, como las manos haciendo comillas en el aire, pero que debe comunicarse por escrito... Ahora hay necesidad de otros recursos, tanto en papel como en pantalla. Este es un ejemplo muy puntual, pero se puede aplicar a cualquier gesto de la oralidad, la pregunta es cómo reflejarlo en redacción. ¿Ves cómo son necesarios más recursos para comunicar una idea por escrito?

Reflexiona

Los signos de puntuación dicen mucho más de lo que parece; enfatizan tus palabras como lo haría un gesto. Si usas correctamente la puntuación, será como si estuvieras junto al papel o la pantalla explicando tu mensaje a tu interlocutor.

Puede pasar que la persona frente a nosotros no nos entienda ni aunque usemos nuestros mejores gestos para explicarnos; ahí aparece en escena ese segundo recurso: la cara #%*X$#. En la oralidad te das cuenta de que algo no se entiende con solo un gesto del rostro de tu interlocutor; así de fácil es evitar o superar una mala comunicación cuando hablamos.

En el papel o en la pantalla —bueno, en redes sociales o chats usas un *gif* que te mata de risa con esa cara de ¿iqué #%*X$# dices!?, pero es un recurso muy limitado, pues no puedes ponerlo todo el tiempo ni mandarlo a todos tus contactos— no hay cómo recibir una retroalimentación tan evidente como la gestualidad, así que el principio es no fallar en comunicar el mensaje por escrito. Esto significa que las palabras hablen fuerte y claro, y no porque sean mágicas, sino porque tú tienes que saber cómo dominarlas, acomodarlas, adecuarlas, insertarlas, transmitirlas. ¿Ves cómo la comunicación escrita depende de la capacidad de ser claro en tus textos? Eso también es redacción competitiva.

La correcta recepción del mensaje depende de la competitividad de la redacción, de modo que no podemos culpar al otro de cómo percibe nuestro mensaje, porque, en principio, en nuestra redacción está implícito cómo nos comunicamos. Puede darse el caso de que el lector no esté contextualizado, por lo que tal vez se le complique entender el mensaje; pero incluso en esa situación, si el texto demuestra un verdadero dominio del entorno comunicativo, el lector tendrá una base que le permitirá introducirse a esa información que le es ajena.

El lingüista Mauricio Swadesh dice sobre la oralidad: "El lenguaje, como instrumento del hombre, puede servir o estorbar, guiar o desorientar, de acuerdo con la intención y la inteligencia con que se emplee. Siempre acompaña al hombre, en el bien y en el mal, y, en consecuencia, buena parte de las costumbres de cualquier sociedad se refieren al uso del lenguaje."[6] A las reglas del uso de las palabras las llama "costumbres verbales". Primero, innegablemente, somos animales de costumbres y llevamos estas de la oralidad, del hablar cotidiano, a la redacción. Por supuesto, la escritura es un instrumento y también nos acompaña todo el tiempo, ahora más que nunca, como ya comenté. Por ello es importante cuidar la redacción, para no desorientar a nuestro lector ni el mensaje que le enviamos, y para que nuestro propio recurso de escritura no estorbe, al contrario, nos guíe.

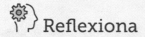 **Reflexiona**
Que tus palabras hablen fuerte y claro.

● ● ●

---

[6] Mauricio Swadesh. *El lenguaje y la vida humana*, 10.ª reimpresión. México: Fondo de Cultura Económica, 2006, p. 89.

Aquí está la línea de salida: las ideas que quieres comunicar por medio de la escritura.

Todo mensaje comienza en la intención comunicativa: qué quieres decir. Así que el principio es la idea que tienes en la cabeza. Pregúntate:

1. ¿Qué estoy pensando? De ese pensamiento, ¿qué parte quiero expresar? ¿De qué quiero que se enteren los otros y qué información guardaré solo para mí?
2. Entonces, ¿cuál es la idea central de mi pensamiento? ¿Qué es lo que transmitiré?
3. ¿Es una necesidad o una inquietud lo que voy a comunicar? ¿Es indispensable que la comparta? ¿Es tan urgente que la diga? ¿Cuántas personas quiero que se enteren?

Ejercicio

Elige una idea. En tu cuaderno, responde las preguntas anotadas arriba. Cuenta la cantidad de líneas que has escrito para definir tu idea. Si son más de tres, analízalas de nuevo y sintetiza más. Cuando hayas concluido, muéstralo a dos personas y pregúntales qué entienden. Si te responden cosas similares, entonces has logrado definir tu pensamiento.

La primera pregunta da un resultado muy general, por lo tanto, tendrá una respuesta bastante amplia; expláyate todo lo que puedas, escribe un listado informal, desordenado, lo que salga directamente de tu cabeza, sin filtros, pero trata de que sean oraciones breves o incluso solo palabras; haz un esquema, un mapa conceptual o un listado de palabras clave que relaciones con colores, unas de un lado a otro con flechas; o cuéntate en voz alta lo que estás pensando y plasma sobre el papel o en tu página de Word lo más destacado de ese **soliloquio**. La intención es que tengas registrada la mayor cantidad de información posible. Ahora, subraya las palabras o los conceptos más constantes, pues eso te dará una pista de cuál es el eje de tu idea.

Tal vez quieres hablar de una idea o una situación muy compleja, o quizá solo tienes en mente una palabra que necesitas desarrollar; ya sea que tu listado de pensamientos parta de un concepto particular o de muchas y más generales digresiones, el resultado del ejercicio ha de ser el mismo: que definas la idea principal a transmitir.

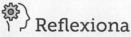 Reflexiona

Esquemas, mapas conceptuales, relación por colores, listado de palabras clave que unas con flechas y sintetices con rayas... Los recursos gráficos ponen mucho orden a nuestros pensamientos revueltos.

Ahora, revisa tus primeras anotaciones y elimina lo que sea repetitivo, vacío o que se aleja de lo que realmente quieres comunicar, hasta quedarte con lo que comienza a reflejar tu idea. Para asegurarte de que funciona, constrúyela en una oración; no importa la complejidad del pensamiento, entre más concisas son las oraciones, más directas y, asimismo, más claras para el interlocutor. Las ideas verdaderamente claras se pueden expresar en pocas palabras.

Una vez precisado el mensaje, toca saber de qué manera redactarlo.

Daniel Cassany describe una esclarecedora verdad sobre la complejidad de la redacción: "No escribimos porque nos cuesta hacerlo y nos cuesta hacerlo porque escribimos poco."[7] ¿Cómo romper el círculo?: ponte en forma con la escritura.

Ejercicio

Defínete una meta de tiempo, digamos, una vez a la semana. Vamos a usar uno de mis recursos favoritos: los pósits. Escribe una vez a la semana en un pósit una idea que desees o necesites desarrollar en un texto: un reporte de trabajo, la hipótesis de la tesis, la tarea para la próxima clase, una propuesta de emprendimiento... Como hay un recurso claramente limitado (el cuadrado), la concisión es esencial. Puedes reescribir ese pósit las veces que sea necesario hasta clarificar tu idea, pero quédate al final de la semana solo con uno. Y así durante unas semanas, digamos cuatro. Con cuatro pósits en mano, ve por cuatro hojas de papel o abre cuatro archivos en Word y desarrolla cada idea en su propia página.

Esta es una prueba para que des forma a tu escritura de menos (un cuadrado) a más (una, dos, tres... páginas), y a la vez, se trata de ejercitar la escritura con dirección: partir de lo que sabes que quieres comunicar, desarrollarlo ampliamente. Recuerda: tu mejor guía es una idea clara.

Cuando te sientas listo, sustituye el recurso de los pósits y hojas y pasa a una libreta o a tu WordPress, por ejemplo. Entre más practiques, más en forma estará tu escritura.[8]

---

[7] Daniel Cassany. *La cocina de la escritura*, 1.ª ed. mexicana. Barcelona: Anagrama, 2016, p. 57.

[8] Si quieres probar con más ejercicios, te recomiendo que acudas a las páginas 57 a 60 de la obra de Daniel Cassany. *La cocina de la escritura*, 1.ª ed. mexicana, Barcelona: Anagrama, 2016.

Figura 4

Qué escritor quieres ser hoy

Cuando se trata de escribir, hay pocas personas a quienes hay que superar: a uno y a los autores favoritos [revisa el apartado "Sobre la importancia de la lectura en relación con la escritura" en el capítulo 3]. Empieza por donde te toca: tú como escritor. Escribir te da la posibilidad de ser quien tú quieras; digamos que puedes tener múltiples personalidades y cambiarlas en cada nuevo texto.

No en todos los mensajes se puede ser el mismo escritor, porque cada uno tiene características que considerar para comunicarse de la mejor manera en cada caso. Digamos que existe la fantástica posibilidad de ser quien tú quieras según lo que vayas a publicar. Ser consciente de esto da un gran control sobre la redacción.

Para definir qué tipo de escritor eres, debes considerar el **registro**, el canal, el tipo de texto y el tono. Cada texto requiere un tipo de escritor, así que haz este análisis antes de redactar cualquier mensaje, aunque se trate de uno en tu WhatsApp. Con el tiempo, la reflexión será más inmediata y hasta inconsciente.

Registro. no hablamos igual con todas las personas, en consecuencia, los mensajes no se escriben de la misma manera siempre, porque tanto el escrito como los interlocutores responden a un tipo de registro de lengua.[9] En el registro no hay un manejo correcto o incorrecto, solo adecuado o inadecuado; la informalidad puede ser inadecuada aunque sea correcta, por ejemplo.

Inadecuado se refiere a que no es conveniente un registro en una situación comunicativa específica, por lo tanto, la meta en la elección de un registro es la adecuación: volver apropiado un mensaje según el contexto, el canal y la enunciación más apropiada para cada situación comunicativa.

- FORMAL. Suele existir una clara jerarquía y hasta un desconocimiento entre los interlocutores, por lo que la formalidad salva que se hable con una persona de un rango (en el organigrama de la oficina o respecto a la edad, por ejemplo) mayor que el nuestro o cuya relación sea mínima o nula. La formalidad también responde a una actitud de respeto que queremos reflejar con el interlocutor. Hay una clara distancia con este, se cuida mucho el **léxico** y la enunciación. ¿Con quiénes nos comunicamos en un registro formal? Padres, personas mayores o miembros o conocidos de la familia con quienes hay más distancia (por ejemplo, a tus suegros te los empiezas a ganar hablándoles de usted); jefes, compañeros de la oficina que tienen

---

[9] Te recomiendo leer la aproximación a este tema de la filóloga y lingüista Diana Guardiola en: *Español para la comunicación eficaz 1: prácticas.* México, Trillas, 2010, p. 16.

una jerarquía organizacional mayor, o bien, a quienes se les respeta o admira profesionalmente; profesores o directores de nuestras instituciones; y personas desconocidas debido a que no existe la confianza para hablarles en un lenguaje desenfadado.

- ESTÁNDAR. Este registro no amerita tanta formalidad, pero no se cae en la informalidad. Se emplea cuando existe ya cierta relación o confianza con el interlocutor; nos conoce, aunque podría no ser en extremo cercano. También hay que ser consciente del léxico y de la manera de enunciar. Aquí entran los diálogos y las comunicaciones comunes, cotidianas. ¿Con quiénes nos comunicamos en un registro estándar? Con conocidos, aunque posiblemente personas no tan cercanas; compañeros de trabajo de nuestra misma área, de alguna otra en la que colaboramos o de un rango organizacional igual o menor al nuestro; vecinos. También con las personas próximas a nuestra edad, pues hay un entendimiento de horizontalidad en la comunicación: somos de la misma edad o de una muy similar, por lo tanto, somos próximos en experiencias.
- INFORMAL O COLOQUIAL. Nos permitimos hablar sin ningún tipo de filtro. El léxico suele ser reducido y no hay un esfuerzo significativo en la manera de enunciar. ¿Con quiénes nos comunicamos en un registro informal? Las personas más cercanas a nosotros, la familia nuclear, los mejores amigos o aquellos con quienes no te da pena decir las cosas como son o incluso equivocarte, porque sabes que da igual cómo lo digas, ya que tu interlocutor no está prestando atención a esos detalles.
  - ESPECIALIZADO. Como anoté en la figura 1 y desarrollé en esos párrafos previos, la tipología del registro

consta del formal, estándar e informal. Una comunicación especializada no es otro registro, sino una distinción que quiero destacar porque en la vida académica como en la laboral, es común que la exigencia de comunicados especializados sea según la temática en la que el redactor se desenvuelve. Es más cercano al registro formal, aunque no tan estricto; en consecuencia, también hay una relación con el estándar. Se distingue porque hay una adecuación muy definida a los temas que tienen en común los interlocutores, pues generalmente son personas con un asunto, interés o especialización en común que utilizan una enunciación y un léxico tan delimitados como compartidos.

Digamos que el registro es similar a elegir la música para ambientar un evento. No vas a seleccionar tu lista de reproducción de reguetón para la reunión familiar en la que se celebra el cumpleaños de tu abuela y a la que asistirán todas sus longevas amigas, no vas a elegir los mejores éxitos de banda norteña cuando estás ligándote a esa chica demasiado pop que tanto te gusta y no creo que optes por tu lista de "Corazones apuñalados" en el momento más prendido de la fiesta con tus amigos. ¿Por qué? Porque sabes que cada tipo de música, cada estilo y letra de canciones tienen un lugar y un momento para ser escuchadas; cada público quiere disfrutar de las baladas con las que se identifica, pero si eliges la inadecuada, generarás, como mínimo, una reacción de desconcierto, hasta que te impidan poner la siguiente canción. Y la meta es que todos canten a gusto con la lista de reproducción adecuada. Funciona igual con el registro de habla: aspiras a que te escuchen, te lean, te presten atención, te entiendan y sientan empatía con tu comunicación.

Canal. Abordé muy brevemente el canal en la figura 1, ahora toca adentrarnos más en sus características. Es el formato en donde se produce o reproduce el mensaje. El principio es la oralidad o la escritura; de la segunda se derivan dos canales generales: papel o digital. En digital se trata de soportes o dispositivos —computadora personal o de escritorio, tabletas, teléfonos inteligentes...—, de programas —de captura de texto, de mensajería instantánea...—, de plataformas —programas de almacenamiento en internet— y de aplicaciones —para realizar tareas específicas—. La elección del canal también tendrá consecuencias en la comunicación del mensaje, o será más o menos adecuada o inadecuada.

Tipos de texto. Los textos se clasifican por tipos, y esto nos da una guía para decidir, según sus características, cuál es el texto a elegir según lo que se va a comunicar. Una agrupación general es la siguiente: discurso monogestionado y plurigestionado. A continuación, desarrollo una tipología más extensa para que identifiques claramente la clase de texto que tu idea necesita.

MONOGESTIONADO: mensaje producido por un hablante único, cuya interacción es unidireccional, pues no hay réplica de otra persona sobre lo que se comunica: escribo, el interlocutor lee, fin de la interacción.

Forma de redactar o secuencia textual	Característica	Qué debo cuestionar para elegirlo
Descriptivo	Detallamos aquello de lo que hablamos (objetos, personas, espacios, situaciones...).	¿Quieres profundizar a detalle en alguna situación, en algo o sobre alguien?

Expositivo o explicativo	Damos a conocer información. Exponemos, facilitamos la comprensión de nuestra idea. Despejamos dudas, se le explica al lector algo que no sabe.	¿Quieres presentar información a otros para que, más allá de enterarse, entiendan puntualmente lo que pretendes comunicarles?
Narrativo	Contamos la historia, la información que queremos transmitir, un hecho, una historia (real o ficticia).	¿Quieres referir lo que te sucedió, contar tú la historia que te interesa?
Argumentativo	Alegamos sobre nuestra idea o impugnamos la de otro; la intención es convencer, con razones o sucesos probados, a otros sobre nuestra postura.	¿La finalidad es impugnar otra opinión o convencer a tus interlocutores de tu idea?
PLURIGESTIONADO: a partir del mensaje escrito, intervienen dos o más interlocutores. Hay una réplica del lector y con ello el discurso se torna bidireccional o multidireccional: escribo, el interlocutor lee, responde y continúa la interacción.		
Dialogativo	Conversamos. Hay planteamientos y respuestas.	¿Buscas intercambiar información? ¿Quieres recibir una respuesta o puntos de vista? ¿Escuchar a otros, abrir la posibilidad de un diálogo?

| Chats/redes sociales | Respondemos a una provocación, a una invitación, a un comunicado, a una conversación, a la empatía o adversidad que sentimos ante un mensaje. Aunque no es una secuencia textual, es un tipo de texto dialogado, lo destaco porque actualmente es el recurso más utilizado de mensaje plurigestionado, por lo que merece una mención especial aquí. | ¿Te interesa la comunicación inmediata? ¿Tus textos buscan principalmente una respuesta o generar alguna reacción? ¿No te importa que sea en un canal más informal? |

¿Un texto puede tener más de una secuencia textual? Sí, pero siempre habrá una dominante, es decir, si se narra más de lo que se argumenta, entonces el texto es narrativo con características argumentativas. Esta información es útil no para que hagas un análisis en cada redacción que planees y lo escribas al pie de la página, sino para que cuando construyas ese mensaje, respondas a las características según el tipo al que pertenece, lo cual te ayudará a dominar cómo escribir; por ejemplo, si es un texto dialogativo, sabrás que debes enfocarte en los diálogos y considerar las intervenciones de distintos interlocutores; si es un texto explicativo, empezarás por destacar tu exposición de ideas.

Tono. Tiene la finalidad de orientar las sensaciones del lector. ¿Cómo quieres que te perciba, cómo te "leerá"? Puedes escribir con un tono persuasivo, solemne, impositivo, serio, relajado, divertido, atrevido, chistoso, vacilante, decidido, retador... Todo esto se refleja en la redacción según las palabras utilizadas y la manera de abordar la idea, es el tono que se imprime en el mensaje.

Contemplados el registro, el canal, los tipos de texto y el tono, ha llegado el momento de preguntarte: ¿Qué escritor quieres ser hoy?, ¿hoy, en este primer lapso de la mañana, por la tarde o antes de ir a la cama? Como escritor, no se puede ser el mismo en cualquier momento del día, porque cambiamos constantemente de canales, de registro y de tono, así como nos referimos a distintos interlocutores. Lo dicho: no te comunicas igual con todos, así que no eres el mismo escritor durante todas tus redacciones.

Primero, ya analizaste y te posicionaste en el registro, canal, tipo de texto y tono, por lo que tienes claro cómo te vas a comunicar. Segundo, elige al personaje de tu propio texto y entra en acción. Quiero ser el escritor que destaca en su trabajo en la oficina. Quiero ser un escritor profesionista. Quiero ser el escritor a quien no le regresan la propuesta diciéndole que no se entiende el planteamiento. Quiero ser el escritor que pone de acuerdo a sus amigos en el grupo de WhatsApp. Quiero ser el escritor que postea cómo se siente esta mañana y recibe después muchos mensajes de ánimo. Quiero ser el escritor a quien no le cuestionan nada porque ha entregado un correo impecable. Quiero ser el escritor que hace reír al del otro lado de la pantalla. Quiero ser un escritor percibido como serio, solemne, cortante, desafiante, porque debo ser autoritario en la decisión final y no permitiré réplicas. Quiero ser el escritor distinguido como abierto, jovial, empático, porque me interesa que mi equipo de trabajo levante la mano y se atreva a proponer ideas. Quiero ser el escritor dulce para que me crean cuando expreso mis sentimientos. Quiero ser el escritor empático porque necesito ayuda y voy a pedir un favor. Quiero ser el escritor sumamente sensible que no se preocupa porque se note su temor al preguntar algo o su tristeza al contar su situación. Quiero ser el escritor informal para que se haga obvio que no me tomo muy en serio el problema de esta mañana. Quiero ser el escritor a quien no contradicen, por eso delimito todo en mi mensaje.

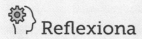

Reflexiona

Defínete, ponte el saco y permea de esa personalidad tu escrito.

Para terminar, te recomiendo que atrapes ideas. Cuando tienes que redactar algo, generalmente esa misión te da vueltas en la cabeza. Las grandes ideas que no se escriben, se pierden, ¡porque se olvidan! Para asegurarlas, anota en una libreta, en un pósit, en tu teléfono, en un correo para ti, todo aquello que venga a tu cabeza. No subestimes ninguna idea, regístralas todas. Será mejor que edites y elimines las que no sirvan a que las pierdas por no anotarlas.

"Opto por descartar esto que registré" es mucho mejor que: "¿Qué había pensado...?"

Estructura de la cabeza al papel y a la pantalla

Hay muchos libros que se concentran en cómo escribir correctamente, pero en este empezamos por el que considero que es el verdadero principio de la redacción, porque son los dos cuestionamientos que te guiarán para lograr un mensaje competitivo, ya que con eso claro sabrás cómo empezar y qué metas tienes sobre ese escrito en específico: por qué y para qué cada texto.

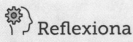

Reflexiona

Por qué y para qué son las primeras preguntas que debes hacerte sobre todo mensaje que vayas a redactar. El cómo viene después.

¿Por qué redacto este texto? La respuesta es la necesidad de comunicar esa idea específica. ¿Para qué? La respuesta es el objetivo. El redactor es el único que sabe cuál es la finalidad de escribir esas líneas. Resueltas esas dos cuestiones, queda cimentado el mensaje; ahora toca levantarlo.

Cualquier mensaje es una construcción, y todas son tan únicas como tan singular es cada idea. Incluso si se trata de un comunicado muy similar a otros que ya has hecho o de conversar con la misma persona con quien has intercambiado mensajes durante todo el día, hay particularidades en cada emisión. Así que debemos generar una estructura para que el mensaje no se caiga en el camino hacia el interlocutor. Los pilares que hay que plantar en el documento, informe, tarea, ensayo, mensaje, post, tuit, blog, respuesta, comentario, correo electrónico, memorándum... son los siguientes ejes:

EJES	QUÉ DEBO CUESTIONAR PARA DEFINIRLO
Objetivo	¿Para qué vas a escribir este texto?
Contenido	¿Qué vas a comunicar?
Destinatario	¿A quién se lo vas a enviar?
Tono	¿Con qué sensación o intención vas a comunicar tu mensaje?

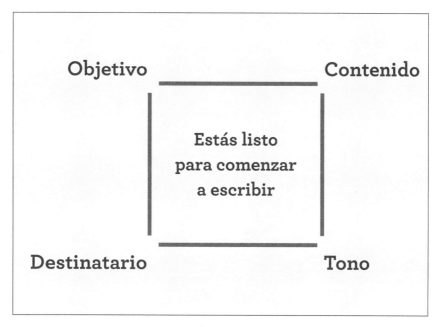

Figura 5

Tienes una base sólida para el mensaje (por qué y para qué) y has concretado la información que va a direccionar el contenido: finalidad, a quién, qué y con qué tono. Ahora estás listo para la construcción de la estructura interna mínima del texto: introducción, desarrollo y conclusión.

En la introducción preparas a tu lector para lo que encontrará en tu documento y cuál es la temática —qué idea abordas—. Sigue la parte del desarrollo, en la que explicas todo lo relacionado con tu idea; puede ser tan extensa o breve como sea necesario. Cuando ya no tienes más que decir al respecto, significa que has terminado tu desarrollo. La conclusión es la línea de meta de tu redacción; anotas de manera concisa y clara las resoluciones de tu texto.

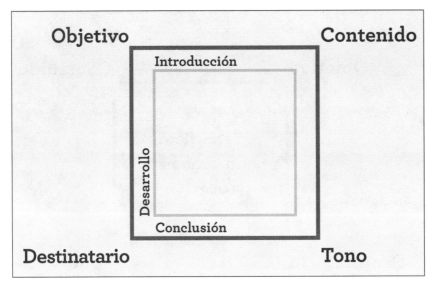

Figura 6

La estructura de la figura 6 es la que se aplica a todos los tipos de texto, es lo que denomino "estructura interna mínima", pero hay algunos que necesitan de más elementos, como es el caso de los textos argumentativos. Al ser más extensos, necesitan de otros elementos dentro de su estructura para afianzar y transmitir el mensaje. Por ejemplo, las tesis y, en algunos casos, las propuestas de trabajo o proyectos son textos argumentativos porque resuelven la propuesta del redactor —estudiante, tesista, profesionista—. Así que si estos son los documentos que planeas redactar, considera siempre el planteamiento del tema, argumentos y apoyos en tu texto.

TESIS DEL TEMA
Es la postura, verdad o propuesta que vas a defender en tu escrito.

ARGUMENTOS
Son los razonamientos con los que defiendes esa postura, verdad o propuesta.

Apoyos

Son los casos, ejemplos, referencias a situaciones similares, reflexiones o citas de expertos que sostienen tus argumentos.

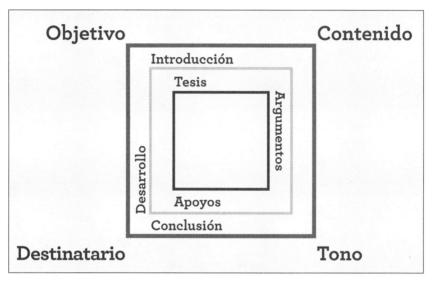

Figura 7

No perderse en el camino

Ya sabes qué y para qué quieres comunicar, y esas ideas bien organizadas se sostienen en sus cuatro pilares: elegiste a tu destinatario, has definido el tono y el objetivo, y comenzaste a trabajar el contenido. Ahora toca anclar, porque es muy fácil salirse del tema y que este inicio tan sólido se pierda en el camino; para no naufragar en tus propias palabras, sigue el trayecto tema-palabra clave-línea-párrafo.

Tema

El asunto global que aborda un texto es el tema. Como un ejercicio de síntesis, expón tu tema en una oración concisa, pero lógica, en la que se refleje todo lo que abordarás en tu texto o en tu red social favorita, en las pocas o muchas páginas que redactes. No lo olvides: todo parte del tema.

PALABRA CLAVE

Puede identificarse como el elemento más mencionado, aunque eso no quiere decir que abuses de la repetición. Sujétate a las palabras clave dentro de un escrito, es decir, considéralas como una especie de faro, para que tú como redactor y tu interlocutor como lector no pierdan de vista cuál es la clave de ese texto. Piensa que estas son las palabras que quieres que todos repitan en su cabeza después de leerte.

Ejercicio

Cómo llegar a las palabras clave de tu mensaje. Según la relación y relevancia de tu tema, haz un listado de todas las que podrían ser palabras clave; puede ser tan largo como requieras. Después filtra, elimina aquellas que sean sinónimos, que se sientan repetitivas, prefiere unas sobre otras, con las que te sientas más identificado según el tópico, hasta quedarte con cinco, cuatro, incluso con una.

LÍNEA

Es un pensamiento breve y antecede al párrafo. Una vez que tienes las líneas en las que claramente se refleja cuál es tu tema —apóyate en tus palabras clave—, desarróllalas, escribe más y más hasta que se conviertan en párrafos.

PÁRRAFO

Aquí ya puedes darle rienda suelta a la pluma o mover a toda velocidad los dedos sobre el teclado. Gracias a esas líneas en las que está sintetizado el tema, introduce en tus párrafos más información sin el temor de perderte en el camino. Jorge de Buen define un párrafo debidamente construido: "Dentro de un párrafo bien formado encontramos solo ideas que se desenvuelven a partir de un periodo o una cláusula principal, explicándolo, reforzando su sentido o justificándolo [...]. No obstante, si nos detuviésemos a desentrañar un buen párrafo, llegaríamos, quizás, a una palabra o a un morfema capaz de condensar el sentido."[10] El resultado de párrafos coherentes con tu tema se llama **progresión temática**, un recurso que también debes considerar para lograr una redacción competitiva.

Ejercicio

Esta práctica necesita una computadora. Hay algunos párrafos que salen de nuestra mente muy enmarañados. Cuando estés atorado con uno, cópialo y pégalo justo debajo. Reconstrúyelo en las líneas duplicadas y relee tu versión original cada que agregues o muevas algo en tu nueva redacción. Viendo tu planteamiento original a la par que intentas reorganizarlo encontrarás la media de lo que quieres decir y mejorarás el párrafo.

Reflexiona

Tema-palabra clave-línea-párrafo: es una fórmula de anclaje en tu redacción, una secuencia para controlar que no pierdas la temática en tu texto conforme avanzas, pues mientras más escribes, más ideas, recursos, comentarios llegan a ti. Querrás incluirlos todos, pero toca editar, seleccionar y eliminar lo necesario, y es importante hacerlo con orden, porque si no, podría perderse la progresión temática.

---

[10] Jorge de Buen Unna. *Manual de diseño editorial* Gijón: Ediciones Trea, 2008, p. 23.

Plataformas de tu escritura: tipos de mensajes escritos

Las plataformas de escritura son los canales de comunicación que más utilizas, los que te acompañan en el cotidiano o tus herramientas de trabajo, lo que las convierte en tus plataformas de comunicación. Son las que me interesa que domines.

La escritura es el soporte estable de nuestras palabras, y en una realidad tan digital como la que gozamos, existen muchas más posibilidades y combinaciones que nunca. Eso sí, esta situación que globaliza y da accesibilidad a tantos canales tiene implícitas sus propias reglas:

1. Debes contestar: la conectividad exige inmediata respuesta a cualquier mensaje y eso significa una réplica tanto pronta como adecuada, lo cual eleva la exigencia de la redacción, la corrección y el manejo de tus plataformas de escritura.

2. Un canal ya no es suficiente ni exclusivo: recibes una solicitud por mensaje de texto y la resuelves por correo; te comunicas con tu colega en el grupo de chat de la empresa con un tono y dándole alguna excusa para que el resto de los compañeros no se enteren de lo que pasa realmente, pero le cuentas la verdad en un tono muy distinto en el chat directo que estableces con él. Que tengas la posibilidad y capacidad de manejarte con esta estrategia te permite estar siempre presente, pero debes ser consciente de que no puedes escribir de igual manera en todas las plataformas, incluso tratándose de la misma persona y el mismo asunto. Aprende a distinguir que donde escribes de una forma lo haces de

manera diferente en donde contestas, y verdaderamente estarás controlando la combinación de tus plataformas.

3. Todo se registra, todo se replica, todo se guarda. Así que ten cuidado con qué y cómo escribes, pues en cualquier momento puede ver la luz de nuevo. Incluso los documentos y mensajes por escrito pueden tener un peso legal cuando se trata de temas laborales o jurídicos, así que con mayor razón piensa dos veces antes de labrar tus palabras en cualquier plataforma.

4. Muy probablemente lo que escribas se posará frente a los ojos de quien no quieres que lo lea. Copiar textos o hacer una imagen de pantalla son muestras de lo fácil que es producir, reproducir y reenviar. Redacta tus mensajes considerando esta posibilidad, así no dirás más de lo que tendrías que haberte guardado ante otros.

Y para entrar correctamente a las plataformas y dominar aquellas que más utilices, aquí te presento el abecé de cada una: sus características principales y cómo son parte de tu vida. Si bien es casi seguro que estés muy familiarizado con los canales, no está de más un repaso de lo que estimo son las características y consideraciones mínimas para cada uno de las plataformas de escritura que menciono a continuación. La excesiva familiaridad que tenemos con estas puede hacer que pasemos por alto aspectos que son trascendentales, pero leerlos podría evitar situaciones que entorpezcan la redacción o incluso nos compliquen la vida. Unas plataformas te interesan más que otras, pero te recomiendo que no las pases de largo, pues de todas las experiencias y los recursos se aprende.

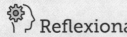 **Reflexiona**

El uso de tantos canales y la conectividad exigen la inmediatez de respuesta a cualquier mensaje. Prácticamente no puedes no contestar.

Correo electrónico

- Es el medio de comunicación formal más utilizado para compartir información de todo rango de extensión.

- Suele elegirse para mensajes extensos por su formato, su espacio no delimitado y la posibilidad de adjuntar archivos y de incluir el número de destinatarios que desees.

- La réplica de cada mensaje y guardar los correos como testigo de información son el *modus operandi* básico. Si tu finalidad es entregar algún escrito, hazlo por correo, pues detalla el día, la hora y los contactos del envío. También se utiliza como un recurso de registro de procedimientos, incluso legal o de prueba en diferentes ámbitos, especialmente el laboral y el colaborativo.

- Puedes ser muy coloquial o muy serio en esta plataforma. Aquí depende exclusivamente del destinatario.

- La entrega de tu mensaje es inmediata, por lo tanto, la respuesta se espera igual, aunque puede entenderse si no replicas en unas horas o incluso el mismo día. En esta plataforma hay más libertad de tiempo, aunque si sabes que tardarás más de un día en resolver el correo que te llegó, lo correcto es informar de que lo has recibido y después contestarás.

- Los correos importantes deben ser tratados como tales. Dedícales el tiempo necesario para pensar cada palabra que usarás.

- Las cadenas o los hilos de correo pueden ser engañosos y complicarse cuando haya diversas personas involucradas contestando a la vez. Si forzosamente debes incluir a varios destinatarios, considera utilizar un mensaje nuevo por temática, no permitas que todo se diga en el mismo hilo. Es desorganizado y, lo peor, crea errores que bien pueden evitarse con un simple clic en el botón de nuevo mensaje.

- "Con copia" y "Con copia oculta" no son lo mismo. La discreción en la comunicación escrita es importante, ya lo hemos dicho, pues cualquiera podría leer lo que escribes y eso supone también tus destinatarios: tú controlas quién quieres que lea el mismo correo y quién tendrá una ventaja al estar oculto a los ojos de los demás. Eso sí, se ve muy mal y genera desconfianza que tú envíes correos ocultos y esa persona le responda a todos.

Mensajes de texto

- No hay demasiado espacio para desarrollar la idea con soltura y mucho menos el tiempo, porque la intención de esta plataforma es lo inmediato, breve y directo. Por lo general en cada mensaje se habla exclusivamente de un tema que comentar o solucionar.

- El mensaje de texto es principal, aunque no exclusivamente informativo: avisas de que llegaste al lugar de la cita, de que algo ha cambiado, preguntas una duda que urge que te solucionen... hasta que pasas al chat y entonces se trata de una conversación.

- No significa que no puedas redactar un texto muy largo por mensaje de texto, pero no será recibido con la seriedad (para eso existen otras plataformas, como el correo electrónico), ni revisado con el detenimiento que posiblemente merezca.

- Se caracteriza por ser breve y más directo, por lo tanto, es más complejo de redactar [revisa la explicación de "concisión" en el apartado "Qué pasa cuando no logramos el mensaje" del capítulo 3]. Haz que cada palabra sea imprescindible. Como bien dice la experta en redes, Laura García Arroyo: "Debemos elegir mucho mejor las palabras para que logren el mismo impacto."[11]
- Recuerda, todo se registra, todo se replica, todo se guarda.

Chats

- Más específicamente, además de lo enlistado arriba, el principio de esta plataforma es el diálogo [si tienes dudas, regresa a la tipología de plurigestionados] y tiene la condición de hacerse en internet, porque se basa en la interconexión de los usuarios en la red. Hay algunos chats que permiten la llamada telefónica y el video en directo, pero eso ya sale de la plataforma exclusiva de escritura.

  Individuales
  — La comunicación es uno a uno. Suele ser sintética en la expresión, pero larga en el intercambio.

  De empresa
  — Hay muchos usuarios conectados a la vez y su finalidad es tenerte cerca. Son completamente ejecutivos, así que la seriedad es un condicionante. Lo más importante es la transmisión directa, inmediata y que propicie la asequible comunicación grupal. En esta era laboral tan globalizada —no necesitas estar en el mismo huso horario para colaborar con una empresa o en un proyecto— se ha convertido en un recurso cada vez más común.

---

[11] Laura García Arroyo. *Enredados*. México: SM, 2015, p. 13.

Grupos

— Se hacen para platicar, organizar o comentar algo en común para los implicados. A menos de que sea de la oficina, el código es la informalidad, así que aquí puedes relajarte. Eso sí, no dejes de seguir el hilo, porque la conversación va a toda velocidad y es fácil perderse.

Redes sociales

- Sin duda, es la plataforma más utilizada por casi todos. Recuerda que 83% de nuestro tiempo en línea se lo dedicamos a las redes sociales.[12]

- Destaca la personalización, algo cada vez más recurrente conforme aparecen nuevas generaciones en la web.

- La intención es llegar a la mayor cantidad posible de usuarios, por lo que te sugiero que lo hagas con calidad, para que valga la pena para tus lectores que hayas llegado tan lejos.

- El tiempo sobra —¿cuánto tiempo navegas en tus redes sociales?— y a la vez no se le dedica lo mínimo a la redacción —¿lees un mensaje dos veces antes de compartirlo? ¿Corroboras alguna duda ortográfica? ¿Te cuestionas si hay una mejor manera de decirlo?—. Te sugiero que comiences a mediarlo.

- Si en las plataformas anteriores hay que considerar la reproducción de nuestros textos, aquí la base es que tú buscas y propicias la réplica; admítelo, la deseas. Mi consejo: cuídate en redes procurando tu escritura.

[12] Asociación de Internet. "13 Estudio sobre los Hábitos de los Usuarios de Internet en México 2017", mayo 2018. México: https://www.infotec.mx/work/models/infotec/Resource/1012/6/images/Estudio_Habitos_Usuarios_2017.pdf (20/05/2018).

- Hay restricciones técnicas que definen las plataformas, eso te indica cómo tienes que redactar ahí; 140 caracteres es el ejemplo más claro.

- Pareciera que todo vale y que a nadie le importa cómo escribes... ¡Falso! Habrá muchos ojos que esperan encontrar un error en tus mensajes, tuits, post, comentarios... Tu imagen como usuario depende completamente tanto de tus palabras como de tus opiniones [No pases de largo el apartado "Cómo nos comunicamos. *Dime cómo escribes... y te diré quién eres*" del capítulo 3].

- Las redes sociales se tratan de ti, del mundo, de todo o de nada. No suele haber normas, puedes ser tan activo, pasivo, generoso, interesante o combativo como quieras, pero sé consciente de qué tipo de escritor reflejarás en estos espacios virtuales. Eres tú expuesto ante todos, incluyendo a los que no consideras cuando redactas un mensaje en redes sociales. Una situación que se ha vuelto común es revisar las redes sociales de los candidatos para puestos de trabajo, examinan hasta el primer **post** que hiciste en la vida, literal. ¿Puedes ser uno en redes y otro en la oficina? Por supuesto. Yo no dudo de tu capacidad de adaptación a entornos, pero la gente que decide si representarás un proyecto quiere que la empresa se refleje en el rostro más adecuado, y eso no siempre contempla lo que subes a redes sociales. ¿Recuerdas la historia de tu compañero godínez que puso un comentario del jefe en redes y que al siguiente lunes ya no regresó a la oficina? Todos conocemos a uno. ¿Puedes rebelarte, redactar con total autonomía en tus redes y elegir que no te importe? Claro que sí, pero sé consciente de que al dar ese paso no hay vuelta atrás.

Tuit

La síntesis es la clave, y eso se acompaña de claridad; ambos recursos indispensables para comunicar tu mensaje con éxito. La mayoría se acompañan de los complementos @nombresdeusuarios, de #etiquetas (más conocido como *hashtag*) y de http://vínculos. Elegirlos correctamente también habla de tu habilidad en redes sociales.

El **tuit** se ha posicionado como un recurso para la referencia, la opinión y la información. Debido a estos intereses de la plataforma, puede considerarse como un rostro serio en las redes sociales, porque tiene interés en la veracidad —cuando quiero saber de cuántos grados en la escala de Richter fue el temblor, confío en Twitter, no se diga más—.

Post

Libertad total. La idea es, como dice la página, que expreses "¿Qué estás pensando?" en todo momento. Solo me queda recordarte la historia de tu compañero godínez que ya no tenía escritorio al siguiente lunes.

Aunque la extensión no está delimitada por la tecnología, sí lo está por el tipo de lector. No todos bajan el *scroll* para terminar de leer las publicaciones.

Comentario

La réplica, tanto la tuya como la de otros, se convierte en un diálogo, pero no es bilateral, pues todo el mundo —nunca había sido tan literal— podría participar. Aprende a manejarte dentro de las subconversaciones que se crean en cada comentario, porque es un error común perderse entre tantos usuarios.

Trabajos académicos

- Ser estudiante no es el antecedente para la vida adulta, es el ejercicio de la vida real. La manera en la que te manejes por escrito durante tus estudios se verá reflejada en tus siguientes grados escolares y, llegado el momento, en tu emprendimiento como profesionista. Así que más vale hacerlo correcta y adecuadamente desde el principio.

- Los documentos a entregar pueden ser tanto digitales como en papel.

- Una habilidad que se desarrolla en la etapa estudiantil es controlar los tiempos de entrega; por lo tanto, es trascendental aprender a distribuir en un calendario la labor de redacción, en especial bajo presión.

- Una de las tantas labores de los docentes es exigir, así que tómalo como un buen aprendizaje. Trabajos sin faltas de ortografía, sin errores sintácticos, con planteamientos y resoluciones bien desarrollados, con previa investigación y referencias citadas correctamente son en gran medida el pase en cada materia.

- Existe la posibilidad de solicitar ayuda de los profesores o compañeros cuando hay dudas de cómo se redacta cualquier cosa o de si el texto va por buen camino; esa asesoría es un valioso recurso, ¡hay que aprovecharlo!

- Cada vez hay más comunidades escolares en la red, en donde el principal contacto es por escrito. De nuevo, las palabras son tu imagen.

- Cuando se acerca el final de cualquier etapa escolar, todo se pone por escrito: trabajos finales, cartas de motivos para ingresar a tal escuela, documentos de solicitud de plaza o de beca... Una adecuada redacción podría ser la diferencia entre ser aceptado, becado o no.

Tesis

La tesis no tiene edad. Depende de los grados educativos que eliges cursar y del tiempo que le dedicas. Todos saben que de la tesis hay que deshacerse lo más rápido posible, para pasar a la siguiente etapa de la vida.

Por su corte completamente académico, la seriedad y el registro formal o especializado son indispensables.

La estructura es la base de una tesis; si desde el inicio logras que sea sólida, el resto será escribir sobre ella. Ten clara la estructura interna mínima, los apoyos en el argumento y apoyos de la tesis [consulta la figura 7] y la redacción comenzará con el pie derecho.

El índice es la columna vertebral de la tesis, que es a su vez un mero ejercicio de estructuración de ideas [regresa al apartado "Estructura de la cabeza al papel y a la pantalla"]. El índice suele rehacerse una y otra vez hasta que sientes que refleja las ideas principales del tema de tesis con total cohesión, así que no desesperes y dedícale el tiempo que merece a su análisis y reestructuración.

Una tesis bien escrita puede ser una carta de presentación como investigador, académico o simplemente como escritor (tal vez no en un plano de ficción, pero sí como redactor).

Ensayo

Este tipo de documentos comparten la estructura de las tesis, pero se distinguen en la extensión: un ensayo no es largo ni corto, es adecuado al tema, y eso lo elige quien redacta. Puede ser académico, divulgativo, de opinión o de especialidad, de una disciplina o temática, y de eso depende la extensión, el registro y el tono.

Tareas

Esto incluye lo mencionado y más. Cualquiera que sea la tarea, el objetivo de una redacción competitiva es no perder puntos por parte de quien lo revisa —recuerda tus opciones según las plataformas de escritura— y lograr una buena exposición competitiva de las ideas principales y resolución de los planteamientos.

Aparato crítico y referencias

Todo lo dicho lo dijo alguien. Suena muy obvio, pero resulta que la nula o errónea mención de referencias y el manejo de citas genera muchos problemas en las redacciones. Hasta puede traer inconvenientes tan severos como que cuestionen la experiencia y credibilidad del redactor, invaliden su trabajo, lo despidan o enjuicien, porque la falta de referenciación es un delito contra los derechos de autor. Por lo tanto, es indispensable dominar el **aparato crítico**. En general, es un recurso académico, se emplea principalmente en ensayos, tesis, tareas y documentación, pero, de requerirse, se utiliza en otros tipos de texto, como en reportajes, incluso en la ficción.

No se trata de que no leas, no investigues y no consultes nada relacionado con tu materia, al contrario, hay que leer mucho, investigar mucho y consultar mucho. Pero debe respetarse siempre qué ha dicho o propuesto otra persona, y eso se logra con las citas, que son la constancia de que la información que empleamos no es de nuestra autoría y ofrecen los datos para localizarla.

El aparato crítico se conforma principalmente por las citas (lo que alguien dijo) y las notas a las citas (dónde localizar lo que alguien dijo). Para posicionarlas se utilizan las **llamadas,** que es una indicación al lector de que encontrará referencias, comentarios o información adicional sobre lo que está revisando. Son fácilmente identificables: un número voladito ([3]), un símbolo (*) o un número entre paréntesis (1). Las referencias se sitúan en el mismo documento, ya sea dentro del texto, al pie de página o en un anexo al final que las compila todas. Considera que el aparato crítico no entorpezca la lectura, por lo que es una decisión significativa, según el tipo de documento, de qué manera has de colocar tus notas.

Es importante señalar la diferencia entre citar y parafrasear. La cita o referencia es la mención de las palabras, los conceptos, las oraciones o los párrafos exactos, literales, sin ninguna modificación, que otra persona enuncia, e incluye los datos para su localización, como mínimo el nombre del autor de esa cita y la referencia de dónde se ha consultado. Parafrasear, en cambio, es decir con nuestras palabras lo que alguien previamente ha comentado. Puedes parafrasear a partir de lo que te ha inspirado para pensar o decir algo o interpretar para explicar con mayor **legibilidad** la idea de esa persona. La paráfrasis también se acompaña de una referencia, indica de quién, de qué texto o cita o mención se está parafraseando, por ejemplo: "A partir de la idea de…", "Retomo las palabras de…", "Como se menciona en la obra…" Parafrasear no te quita, te da, porque construyes tus propias ideas a partir de un marco de referencias. Eso sí, hay una diferencia entre parafrasear con moderación y que todo tu trabajo sea la reinterpretación de otra obra.

Existen diversos sistemas de citación. Puedes elegir el que se utilice más en tu disciplina, con el que te sientas más cómodo o ceñirte al que se te indique en la institución o academia en la que desarrollas tu trabajo. Si te dan un manual, no preguntes más y síguelo al pie de la letra. Si no te entregan uno o no te definen un sistema de citación, investiga cuál se adaptaría mejor a las necesidades de tu trabajo y elige a partir de esa reflexión.

En realidad, aplicar un sistema de citación es accesible porque se trata de normas establecidas que solo hay que replicar. Según el modelo de citación, básate en sus criterios y apégate al manual; eso te hará la vida más fácil. En estos documentos generalmente están ejemplificados la mayoría de los casos, aunque no hay sistema que defina todos los posibles registros, porque constantemente aparecen otros particulares. Ningún sistema agota todas las posibilidades, así que no te agobies si no encuentras exactamente lo que estás buscando. Si te pasa, pregunta a otros colegas o **autoridades**, como tus profesores, consulta en manuales de otros autores o foros de consulta en línea, incluso hay algunos especializados por sistema de citación. Cualquier duda de cómo citar, así como los casos excepcionales, se resuelven siguiendo lo más de cerca posible el modelo preestablecido: citar es aplicar congruencia y unificación.

Citar más es mejor. Si no estás del todo seguro de qué información referenciar, no omitas nada, es preferible que sobre a que la nota esté incompleta y por eso se dude de ella.

En tres pasos puedes construir desde cero un aparato crítico:

1. Antes de redactar un documento al que agregarás un aparato crítico, enlista tu bibliografía básica —la indispensable en tu disciplina— y la consultada para redactar tu trabajo y haz una lista lo más completa posible en la que identifiques de dónde tomas cada cita. Los datos esenciales son estos: quién la expresó o recopiló (autores, coordinadores, editores, compiladores, anotadores, traductores...), en dónde aparece (en qué libro, enciclopedia, compilación, capítulo, artículo), dónde se encuentra esa fuente (en qué libro, tomo,

revista, número, volumen, colección, página web y fecha de consulta, cuándo y en qué casa editorial o institución se publicó) y las características descriptivas de la obra consultada (número de páginas, si hay imágenes, la edición o reimpresión específica).

2. Cuando vayas a citar, como ya tienes tu bibliografía armada, copia y pega la referencia. Una vez que termines tu texto regresas a las notas, revisa, agrega, elimina y corrige lo que sea necesario, así no te distraes de tu redacción por armar una referencia de la nada y no pierdes ninguna información en el camino porque ya tienes el registro de tu bibliografía preparado.

3. Unifica bajo el modelo establecido.

Existen diversos sistemas de citación. He elegido solo algunos por considerarlos de uso más general en ámbitos académicos y profesionales, y ser menos especializados: latina, APA y Chicago. A continuación anoto ejemplos de la estructura más básica, referencia de un libro y su llamada, para que compares los modelos.

Latina

Citas en el texto. Llamado con nota al pie de página. Conlleva un uso frecuente de **locuciones latinas** y todas ellas se manejan siempre en cursiva. En las notas a pie se escribe el nombre y después el apellido, sin abreviaturas en ningún caso. En el aparato crítico se escribe primero el apellido seguido del nombre después de coma. En la primera mención se anota la ficha completa y a partir de la segunda se utilizan locuciones latinas:

Ejemplo

Marta Lamas comenta al respecto: "Es muy importante tener el tiempo para escribir y también darle el tiempo para que se 'enfríe' y releerlo con ojos 'frescos.'"[1] [...] Me gusta el acercamiento que propone Marta Lamas, porque comparto la sensación: "Como soy muy lectora, al leer cobro conciencia de lo bien que escriben los autores que me gustan. Me comparo y me doy cuenta de que no les llego a los talones."[4]

[1] Marta Lamas, "Escribir para transmitir", en *Cómo escriben los que escriben. La cocina del escritor*, México: FCE/ITAM, 2011, p. 57.
[4] Marta Lamas, *op. cit.*, p. 59.

<u>Referencia en bibliografía</u>

Ejemplo

Lamas, Marta, "Escribir para transmitir", en *Cómo escriben los que escriben. La cocina del escritor*, México: FCE/ITAM, 2011.

APA

<u>Citas en el texto.</u> No hay llamado a nota, la referencia es parte del cuerpo de texto y se coloca entre paréntesis.

    a) Referencia al pensamiento de un autor o uso de paráfrasis: (Apellido, año de publicación).

Ejemplo

Tratándose de redes sociales, elegir mucho mejor las palabras es indispensable para que logren el mismo impacto (Arroyo, 2015).

    b) Cita textual. El uso de comillas es indispensable y la referencia va al final de la oración o párrafo reproducidos (Apellido, año de publicación, página donde se encuentra la cita).

Ejemplo
Como bien dice la experta en redes Laura García Arroyo: "Debemos elegir mucho mejor las palabras, para que logren el mismo impacto." (Arroyo, 2015, p. 13.)

Referencia en bibliografía

Ejemplo
García Arroyo, Laura. (2015). *Enredados*. México: SM.

Chicago

Citas en el texto. Llamado con nota al pie de página. En la primera mención se anota la ficha completa, a partir de la segunda se utilizan locuciones latinas.

Ejemplo
Cécile Ladjali, en el prefacio de *Elogio de la transmisión*,[1] dice: "Nadie es capaz de escribir si no ha leído mucho", y lo creo devotamente.

"Steiner denuncia la palabra huera, la tendencia moderna a los aspectos comunicacionales de la lengua, en detrimento de la gratitud del lenguaje."[2]

[1] George Steiner y Cécile Ladjali, *Elogio de la transmisión*, (España: Siruela, 2016), 21.
[2] *Ibid.*, 50.

Referencia en bibliografía

Ejemplo
Steiner, George y Cécile Ladjali. *Elogio de la transmisión*. España: Siruela, 2016.

Citar es delimitar y organizar información según la norma establecida. Sin importar el modelo, hay cinco elementos básicos que comparten todos y no debes olvidar: autor, título, lugar, editorial, año. A partir de estos, se ofrece toda la información posible y se unifica según las variantes del sistema de citación en uso.

Pueden verse esos elementos como categorías a las cuales agregar más datos.

AUTOR	TÍTULO	LUGAR	EDITORIAL	AÑO
*Traductor *Coordinador *Compilador *Editor	*Del libro *Del artículo *De la sección *De la colección	*Ciudad o país de publicación *De reedición *Países de colaboradores en la publicación	*Editorial que publica *Editorial que coedita *Institución *Departamentos institucionales	*De la publicación *De la reedición *De la reimpresión

No porque hayas buscado información de internet significa que esas palabras no pertenecen a nadie, asimismo hay que referenciar lo que se consulta ahí y con el mismo rigor que las referencias impresas, así como también lo que se dice en redes, para lo que están los @nombresdeusuarios y los http://vínculos.

Sobre internet, nunca, nunca, ¡nunca! copies y pegues de la red ningún texto, porque corres tres riesgos, todos bastante graves. El primero es que incurras en plagio, ya lo sabes, copiar y pegar sin referenciar tiene consecuencias hasta penales. El segundo es que reproduzcas los mismos errores, es decir, hay un acceso casi ilimitado a contenidos en la red, pero no significa que todos tengan calidad y hayan pasado por un filtro, o que el autor de esas palabras haya aplicado la revisión y autocorrección, por lo que posiblemente si copias sucederá que también estarás pegando los errores de otros. Y el tercero es que pierdas la confianza de tu lector: ¿Eres un escritor que copia y pega de internet? Es una mala reputación, y tanto tú como tu lector merecen más que eso.

Documentos de empresa

- Las actividades y labores que se desarrollan —ya sean básicas, complejas, con mayor o menor responsabilidad— se registran; siempre hay un documento de por medio. Y entre más grande la empresa o complejo el proyecto, más procesos. Cuando en una entrevista laboral te listan las responsabilidades del puesto, suelen obviar el tiempo que le dedicarás a escribir, en algunas áreas más, en algunas menos, pero es una de las habilidades base para casi cualquier labor.

- En este rubro el papel sigue siendo común, así que no subestimes su uso.

- En las empresas más organizadas existen códigos internos de documentación o manuales de estilo que responden a cómo quieren que se redacte y se lea todo [brinca al apartado "En esta vida hay que tener estilo" del capítulo 2]. Solicítalos, estúdialos y en poco tiempo serás el empleado que sabe cómo decirlo todo por escrito. Además, verás lo mucho que tus colegas te agradecerán que sigas el código preestablecido, pues eso agiliza la comunicación interna. Si te dicen que no existen, sugiérelos.

Comunicados

Comunicaciones internas-externas
en instituciones y empresas

En cualquier empresa e institución hay códigos. No es lo mismo escribir para un colega de la oficina que para algún conocido fuera de ella. Primero, pregúntate de qué lado de la cancha está tu interlocutor; si es parte del equipo godínez, respeta los códigos internos de comunicación de la compañía o del departamento; si es del equipo de tu vida cotidiana, siéntete con más libertad de elegir cómo te comunicarás, pero sin dejar de lado el registro y el tono.

Esto también aplica para los trabajadores *freelance* o autónomos, pues aunque no estés sentado frente a tus colegas en una oficia todo el día, eres parte del organismo responsable del proyecto en el que colaboras.

Documentos técnicos y reportes

Este tipo de textos son de naturaleza formal y aquí sí hay consecuencias en cada dato que teclees o apuntes con tu pluma. Suelen seguir un patrón, porque la gente relacionada con ese documento en tu cadena laboral necesita una lectura estandarizada y ágil del contenido de documentos técnicos y reportes. Una manera de aprender a desarrollarlos correctamente desde el primero que te toque llenar es leyendo, comparando otros y anotando las particularidades de cada sección. Aplica este ejercicio y entenderás las bases de qué redactar y cómo.

Currículum

El principio de una primera conversación laboral es definitivamente el currículum, y en uno bien armado tú la guías, porque indicas sobre qué quieres que te pregunten. Pero también habrá información entre líneas que dependerá de tu escritura competitiva: si eres capaz de ser conciso, si tienes o no buena ortografía, si sigues las instrucciones de la entrega del currículum estandarizado en el lugar de trabajo...

Es también una carta de presentación, de ella depende que te consideren para escucharte. Lo que ya hemos dicho: es cada vez más común que antes de tratar con alguien en persona, se le conozca por un texto que lo represente, y el currículum es el caso que compartimos todos, casi sin excepción alguna. De hecho, este documento es una primera prueba que demuestra tu competitividad de comunicación, síntesis y redacción. Un currículum bien hecho te da el pase a la siguiente ronda de selección.

Los errores aquí sí suelen ser definitivos, pues basta con una coma mal puesta, un dedazo o una falta de ortografía para que coloquen tu hoja de experiencia en último lugar.

Por supuesto, un currículum está hecho para destacar lo que has logrado hasta el momento, pero eso no significa que lo cuentes absolutamente todo. Esta es una plataforma de **concisión**, pues dispones de poco espacio para mostrar una parte de ti; yo sé que las páginas en Word o de papel son infinitas, pero eso no es razón para que uses decenas de ellas. La pregunta clave que debes hacerte mientras seleccionas qué dirás y qué te guardarás es esta: ¿Qué información mía es indispensable que sepan para que consideren conocerme en persona?

Si planeas entregar tu currículum a empresas de diferentes rubros, adecua tu listado de habilidades, conocimientos, referencias y experiencias según lo que te interese que lean primero sobre ti. No tienes que hacer uno nuevo para cada rubro, bastará con reordenar la información sobre la hoja.

Licitaciones, concursos, subvenciones

Lo que hay que hacer es seguir las instrucciones, sin más. Este tipo de documentos están construidos para eliminar automáticamente a quienes no sigan las bases, que es una primera prueba. Puedes superar cualquiera de estos largos cuestionarios si verdaderamente prestas atención a lo que se te solicita.

El documento de un concurso, una licitación o una subvención es una apuesta de quien la presenta. Cómo lo entregues dirá si mereces o no la oportunidad, porque en estos procesos la posibilidad de que defiendas tu proyecto en persona es mínima.

Lo mismo que con el currículum, los errores suelen ser definitivos para que tu propuesta sea la última de la fila.

Capítulo 2

El escritor en su propio texto

En esta vida hay que tener estilo

El **estilo** es un diferenciador en la escritura, va más allá de qué, para qué y con qué características o estrategias se construye una idea sobre la página, se trata de la manera en la que nos reflejamos como escritores. Los que te escuchan repetidamente podrían reconocerte por tus pensamientos e ideales; los que te leen podrían reconocerte por cómo escribes.

De todos los procesos de la redacción, me parece el más transparente, pues revela al escritor. El filólogo, profesor e investigador Daniel Cassany lo dice: "El estilo y el método es al autor, como el carácter a la persona: todos somos distintos."[13] El estilo de un autor a veces es un movimiento inconsciente y otras ensayado, todo depende de lo identificado que lo tenga y de que aprenda a replicarlo.

---

[13] Daniel Cassany. *La cocina de la escritura*, 1ª ed. mexicana. Barcelona: Anagrama, 2016, p. 17.

Las normas (ortográficas, gramaticales, de uso...) son la base de las resoluciones más inmediatas cuando redactamos; por ejemplo, la norma dice que se escribe "aun" sin tilde cuando equivale a *incluso, hasta, también,* así que utilizaremos "aun" si la intención es expresar *incluso*; en este caso la norma da una resolución. La correctora de estilo Sofía Rodríguez comenta que el estilo se "adscribe a otras normas ya establecidas".[14] Esto significa que nunca dejamos de considerar la normativa, sino que comenzamos a fallar, elegir o diferenciar a partir de ella —normas lingüísticas—.

Respecto al estilo, son las decisiones que justifican qué y cómo escribimos cualquier palabra o construcción según la condición como escritor de cada uno, el contexto inmediato, la lectura del mundo y el acercamiento propio al tema que desarrollamos en un texto —normas de estilo—.

Por ejemplo, cuando dudas sobre una alternancia: ¿video o vídeo?, con o sin tilde, ambas son ortográficamente correctas.[15] Si voy a redactar un texto para México, como es más común en América, me inclinaré, debido a la cercanía con esta forma, por *video*. Pero si el autor es español, anotará *vídeo*, pues responde a su uso de la palabra. Aquí hay una decisión implícita. De hecho, si yo reviso un texto sin saber previamente nada de su autor y leo *vídeo*, mi primer pensamiento será que posiblemente es español. Esta es la transparencia a la que me refiero: somos nuestras propias palabras y nos reflejamos en nuestro estilo.

---

[14] Sofía Rodríguez. *Manual de corrección de textos. Técnicas, consejos y apuntes de clase.* Perú: Fondo Editorial Escuela de Edición de Lima, 2017, p. 114.

[15] "Procedente del inglés *video*, se ha adaptado al español con dos acentuaciones, ambas válidas: la forma esdrújula *vídeo* [bídeo], que conserva la acentuación etimológica, es la única usada en España; en América, en cambio, se usa mayoritariamente la forma llana *video* [bidéo]". *Diccionario panhispánico de dudas* (DPD): http://lema.rae.es/dpd/?key=video (24/07/2018).

Además de las palabras elegidas, el estilo también es cómo redactamos. Un académico tiene uno muy diferente a un novelista: el primero será más rígido con la normativa de su especialidad y posiblemente le dará más peso a las referencias y citas, mientras el segundo tal vez ni siquiera contemplará ambos aspectos; cada uno de estos tiene un estilo que responde a su trabajo como escritor. Si a ambos les solicitaran que redactaran la descripción de una noche estrellada, te aseguro que identificarías sobre el papel quién es el novelista y quién el académico.

En cuanto comienza a replicarse, ese listado de decisiones se vuelve una norma propia y se convierte en una herramienta: una línea recta y clara para avanzar en el texto. Así, el estilo es orientativo y normativo.

Propongo tres niveles para comprender de qué manera tan personal, especializada, general o institucional podría abordarse el estilo. Te recomiendo que consideres estas divisiones al momento de una resolución en tu redacción. Pregúntate si tu estilo responde a uno muy personal y si debes adaptarte a un manual de una publicación o institución.

ESTILO DE UNA PERSONA

Es un listado interno de tus preferencias —recuerda, siempre justificadas y adscritas a las normas, aunque sea para contradecirlas—, las llevas contigo en el inconsciente o en una lista física. Como el ejemplo previo, es parte de mi estilo escribir "video" y no "vídeo".

ESTILO DE UN TEXTO

Tiene que ver tanto con el escritor como con la temática. En el momento de definir qué estilo implementar; deben considerarse ambos como iguales.

ESTILO DE UNA PUBLICACIÓN O INSTITUCIÓN

Los manuales de estilo funcionan como una guía de resoluciones, son una herramienta de trabajo. En ellos se enlistan los criterios establecidos y obligatorios en cualquier documentación interna. Los manuales, de cualquier tipo, nunca se concluyen, porque siempre habrá una duda nueva a resolver, una decisión que tomar y un criterio que unifique entre posibles soluciones.

El estilo es también un elemento de orden, pero no funciona sin unificación. Sea cual sea tu decisión, mientras esté apegada a una norma o responda a una propia con lógica y adecuación, será correcta, siempre y cuando esté unificada en todo tu documento.

Normas del español
Todos redactan
con el mismo código

Diferenciador
Estilo de una persona, un texto, una
publicación o una institución

Los manuales de estilo son clave, pues registran las formas acordadas en un solo documento impreso o digital. Al respecto, Sofía Rodríguez los define como "publicaciones que congregan las normas para la redacción, el diseño u otra área específica, sea para el uso público o de una institución, entidad o empresa. Su esencia está definida por la normalización".[16] La creación y uso del manual es más común en instituciones, empresas, grupos y departamentos editoriales, pero no son exclusivos de esos espacios; si tu redacción sobre un tema o área de investigación es constante, o si en tu compañía no existe aún un manual, te recomiendo crear uno para que tengas listo ese camino en línea recta cuando surja una duda.

Ejercicio

Breve guía para iniciar tu propio manual de estilo.

Manual de criterios de _____
(la publicación/el libro/el área de editorial de la empresa/el departamento/el grupo de investigación/el trabajo de fin de curso/la tesis).

Breve descripción del manual (contesta estas preguntas para que definas tu manual).
> **A quién está dirigido este manual**
> **Cómo leer este manual**
> **Quién o quiénes redactan este manual**
> **Con quién contactar en caso de dudas o sugerencias**

Aquí algunos temas que podrías considerar.
> **Léxico**
> **Criterios para imágenes y fotografías**

---

[16] Sofía Rodríguez. *Manual de corrección de textos. Técnicas, consejos y apuntes de clase.* Perú: Fondo Editorial Escuela de Edición de Lima, 2017, p. 114.

- Pies de fotografía
- Créditos
- Medidas y resoluciones
> Cifras y medidas
> Uso de mayúsculas, minúsculas y versalitas
> Uso de cursivas, comillas y negritas
> Casos especiales
> Preferimos la palabra X a la palabra X
> Redacción de los nombres
> Ejemplos de los criterios correctamente aplicados
> Ejemplos de errores que debemos evitar

Por último, una reflexión. Me parece que la innovación en la lengua responde en muchos casos al estilo. El español cambia con la mera enunciación de cada hablante, nuestra lengua está tan viva que se transforma no día a día, sino pensamiento a pensamiento, diálogo a diálogo; recuerda, enunciar es crear. Sin embargo, no todas las palabras o construcciones que se conciben en el día a día se vuelven norma y muchas desaparecen fácilmente en poco tiempo [da un brinco al capítulo 4, "Léxico"], pero sí caben dentro del estilo de la persona que nombre algo de una manera específica. Por eso hablar de estilo es innovador, porque en este ejercicio de conciencia de la lengua creamos, dentro de nuestras redacciones, una nueva norma que no valdrá para los códigos estandarizados del español, pero sí para nuestro propio estilo. Si yo escribo con un estilo que refleje mi país, mi pueblo, mi barrio, mi zona, a mi generación o mis amigos, quizá para un académico de la RAE no sea legible, pero para mi gente cercana sí. Y eso es parte de la toma de decisiones: identificarnos con un estilo propio.

Sé autosuficiente en tus redacciones. Cómo resolver tus propias dudas

Y llegamos al cuarto eje de la redacción competitiva: la **REVISIÓN** [regresa al apartado "Redacción competitiva" en el capítulo 1]. Si has conseguido dominar la adecuación, el entorno comunicativo y la corrección, es tiempo de aplicar este conocimiento.

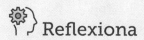 **Reflexiona**

dominio de tu entorno + adecuación + corrección + revisión = redacción competitiva

Ya está escrito... pero aún hay dudas y te enfrentas de nuevo contigo; has logrado una redacción adecuada y correcta, pero todavía te cuestionas. Tranquilo, es normal; de hecho, es parte esencial del proceso de una redacción competitiva. Siguiente paso: la revisión de lo que has escrito. ¿Quién será el revisor? Tú. ¿Estás preparado? Sí, con los recursos de este apartado podrás ser autosuficiente, por lo menos en la mayoría de los casos que se te presenten, y aquellos que no logres resolver solo sabrás con quién y a dónde acudir.

La revisión consta de la autocorrección, la lectura crítica y objetiva de otras personas y el descanso del texto. Y te tengo una buena noticia: todo está a tu favor, porque hay suficiente información a tu alcance. Para que una redacción sea verdaderamente competitiva, debe dominarse la autocorrección como parte del proceso de revisión.

Estrategia de autocorrección

Dudar es un don, así que ¡duda! El principio de la autocorrección es cuestionarse, solo así te darás la oportunidad de revisar. No pretendo insinuar que no confíes en ti o que todo lo que aprendiste y las habilidades asimiladas de este libro no sean suficientes, lo que digo es que estás a un paso de lograr una redacción competitiva en su totalidad: dominio de tu entorno comunicativo, adecuación, corrección y, ahora, revisión, todas van de la mano.

Si titubeaste, es una duda. Si crees que puede haber otra manera de enunciar lo ya dicho, reescribe; si no estás seguro del estilo aplicado, de tu experiencia o de tu conocimiento de la normativa, realiza una consulta. Esos son los aspectos que nos indican que es necesaria la autocorrección: la indecisión sobre un término o redacción de idea y la necesidad de consultar.

Los 4 pasos de la autocorrección son los siguientes:

1. Identifica el tipo de duda o lo que consideras que puede mejorar en tu redacción

No es lo mismo un aspecto ortográfico que uno gramatical o que dependiendo del canal y del lector hay que utilizar un registro u otro. Ese mismo entendimiento de diferenciación de casos en tu escritura es el que permite identificar qué tipo de duda tienes. Por ejemplo, si no estás seguro de si una palabra se escribe con una u otra letra, o si lleva o no tilde, se trata de una duda ortográfica. Si cuestionas la concordancia de número en una oración, es una gramatical. Identificar qué tipo de duda tienes o cuál es la oración o el párrafo que crees que aún no está bien redactado te permitirá la oportuna elección de tu recurso y, por lo tanto, la pronta resolución de tu cuestionamiento.

2. Selecciona tus recursos

Hay diferentes tipos de soluciones y todas son localizables. Incluso cuando no tienes el conocimiento o la experiencia suficientes, sabes que hay autoridades, foros y servicios de consultas que pueden guiarte o darte la respuesta que buscas, pero de ti depende acercarte y consultar, y eso es también un recurso. Según el tipo de duda, hay distintos sitios a los cuales recurrir.

a) *Las dudas de resolución inmediata.* Son cuestionamientos sencillos o comunes cuya respuesta es directamente localizable, ya sea porque eres experto en el tema o porque conoces los recursos a los cuales acudir. Por ejemplo, ¿cómo se escribe esta palabra, con ce o con ese? Recurso: en un diccionario están registradas las palabras con su correcta escritura.

b) *Las dudas que se resuelven con el análisis de la norma o la comparación con otros casos.* Hay soluciones que no están explícitas —como la palabra que encuentras en el diccionario— o en un manual —una sección que aborda la temática específica de tu duda— y que requieren de la revisión de una norma a partir de la cual discernir sobre las opciones para aplicar una solución. Un caso: no estás seguro de la concordancia de género en una oración, así que toca acudir a un manual de **gramática**, pero no es factible que encuentres literalmente la construcción sobre la que vacilas, así que tienes que consultar la norma, entenderla y aplicarla a tu texto. También existe la posibilidad de que resuelvas a partir de comparar un caso con otros similares. Por ejemplo, si la noticia sobre la que debes redactar un artículo trata de un tema de actualidad y en el que no te especializas o incluso del que nunca has escuchado hablar, una opción es revisar qué han escrito otros medios al respecto o expertos en esa temática; así puedes encontrar opciones a partir del estudio de antecedentes o autores más versados en la materia.

Los recursos de consulta son todos los conocimientos registrados y accesibles sobre el tema de tu interés. Hay unos más o menos útiles para cada caso, o que te proporcionan más o menos información, pero todos ellos conforman los recursos. Considéralos como herramientas. Existen varios tipos de recursos o herramientas. Puedes abordarlos según la siguiente tipología:

DIGITALES	FÍSICOS
Cualquier recurso que encuentres en línea, ya sea de interacción (páginas de consulta y resolución de dudas) o exclusivamente para revisión (diccionarios en línea).	Todo libro, folleto, manual, diccionario, revista... que caiga en tus manos o a los documentos que puedas acceder para examinarlos físicamente.
INDIVIDUALES	**COLECTIVOS**
Tu biblioteca personal, física o digital.	Bibliotecas: de nicho, la más cercana a tu casa, la de tu universidad...
DE CONSULTA	**DE REFERENCIACIÓN**
Todo recurso que revises, ya sea sobre información puntual, para despejar alguna duda o simplemente una lectura de apoyo. Páginas especializadas en lengua, consulta y resolución de dudas. Foros en la web.	Tus libros y autores de cabecera, el estilo y las normas que apliques según tu criterio de redacción. Los autores, los libros, las investigaciones, las teorías o las instituciones más respetadas o replicadas en cada nicho son consideradas y llamadas autoridades, y una autoridad es también una referencia de autocorrección.

Y ahora una aclaración sobre las consultas en internet: si la respuesta no está en una web en cuyo profesionalismo confíes plenamente —por ejemplo, si quieres consultar cómo se escribe una unidad de medida y encontraste información en la página oficial del Sistema Internacional de Medidas, tiene sentido tu búsqueda porque estás consultando en la web de la autoridad—, entonces no la consideres una referencia. Internet es el lugar en el que hay más errores. Mejor concéntrate en autoridades o en los recursos que sabes que son referencias formales, fiables.

Para hacer más efectivas tus búsquedas, consulta los índices. No encontrarás en la enunciación de cada sección tu duda específica, pero sí el tema más general en el que podría insertarse lo que necesitas localizar. Los índices también son un recurso, así que aprende a leerlos: de lo general a lo particular, pregúntate en qué apartado podría desarrollarse tu temática específica. Y no te limites a revisar un solo capítulo, explora todos los que puedas.

Lo más interesante de los recursos de consulta son las muchas posibilidades que aportan. Que encuentres la respuesta a tu duda en un primer recurso no quiere decir que sea la única. Buscar la solución a una misma duda en varias herramientas —por ejemplo, revisa esa palabra en más de un diccionario o en más de un foro— tiene dos escenarios consecuentes: encontrar que la respuesta coincide y tienes así la certeza de la resolución o ver que hay más de una respuesta a tu consulta. Como estás revisando en recursos serios, profesionales, especializados, académicos, de divulgación o de autoridad, significa que todas las opciones serán correctas y así la decisión adecuada será una cuestión de criterio.

Reflexiona

Tienes una duda, indagas en un libro y lees el apartado en el que se resuelve esa situación puntual. Si tienes oportunidad, el tiempo, las ganas de continuar con el siguiente párrafo o capítulo, hazlo. Porque no dudamos de lo que aún no conocemos, y una manera de cuestionarnos otros detalles en nuestras redacciones es si tenemos algún antecedente de esos nuevos temas, que podrían estar justo en el siguiente apartado. En otras palabras, aumenta tu espectro de información y estarás más preparado para cuestionar otros aspectos de tu propia redacción.

3. Compara las posibles soluciones y elige

Encontraste que en tres recursos —confiables— se ofrece una solución distinta para el mismo caso. No es que una sea la correcta y las otras incorrectas, sino que debes comparar qué propone cada una y cuál se adapta mejor a tu estilo y situación comunicativa.

Imaginemos, por ejemplo, que este año la empresa hará una felicitación navideña en sus redes sociales y la acompañará una foto de todo el equipo. Como quieren dar una imagen de un grupo cercano, que disfruta de ser parte de esa compañía, han decidido que no sea una foto oficial ni seria, todo lo contrario, quieren una imagen casual y común en redes: cada persona se hará una fotografía con un celular (sí, sé que conoces la palabra exacta, pero no es lo mismo decirla que escribirla). A ti te toca enviar un correo electrónico a los miembros de la empresa para comunicarles esta decisión y citarlos para que se tomen la foto. Entonces comienzas a redactar:

Estimados compañeros:

Se acerca la Navidad y para compartir el espíritu de la empresa en nuestras redes sociales, este año la fotografía navideña se tomará en un formato más casual: será un(a) _____ de todo el equipo.
La cita es en el jardín trasero del edificio a las 11:00 horas del viernes 15 de diciembre. La asistencia de todos es indispensable.
Lleven sus celulares para que tengan oportunidad de realizar su propia foto y tener así distintos(as) _____.
¡Saludos!

Y surge una duda: ¿Cómo se escribe la palabra clave del mensaje? Esta, a su vez, desencadena otros cuestionamientos: ¿Cuál es su plural?, ¿qué **género gramatical** tiene?, ¿debo escribir un o una? Estás frente a tu computadora y tienes que enviar pronto el mensaje, así que optas por recursos electrónicos para la autocorrección de tu texto. Consultas en un buscador, en un diccionario y en un manual, todos en línea.[17] Estas son las variadas respuestas:

- En el diccionario no aparece la palabra *selfie*.
- *Selfie* es un **extranjerismo**, por lo tanto, debe escribirse en cursivas o entre comillas ("selfie").

[17] Para este ejercicio se consultaron fundeu.es, rae.es y el buscador de Google.

- Selfi es la adaptación al español de la palabra inglesa *selfie*.
- "Autofoto" es una alternativa en español de *selfie*.
- "Autorretrato" es una alternativa en español de *selfie*.
- Encuentras en el buscador otras formas: selfy, *selfy*, un selfi, una *selfie*, unas selfis...

¿La revisión en más de un recurso electrónico te ha causado problemas por haberte dado tantas opciones? ¡No!, te está dando varias soluciones; no hay error, solo debes generar un criterio y, ahora que ya comparaste, te toca elegir.

- "Autofoto" y "autorretrato" son adaptaciones correctas, pero de uso muy reducido (¿alguna vez has escuchado a alguien decir: "Vamos a hacernos una autofoto" o "Voy a tomarme un autorretrato?"), por lo que decides que no son las opciones más adecuadas. No quieres que tus compañeros te contesten el correo electrónico preguntando qué es una autofoto o por qué no usas la palabra que todos reconocen.
- Si te decides por las adaptaciones porque consideras que si en español ya existe una palabra que equivale a la inglesa, hay que usarla, entonces no dudarás en escribir "selfi".
- Pero si en tu estilo es muy común utilizar palabras en inglés en tu redacción, entonces te decides por "*selfie*". Además, reflexionaste que en tus redes sociales has visto que la mayoría escribe "*selfie*", por lo que resuelves utilizar el extranjerismo en tu correo.
- ¿Femenino o masculino? Tanto en el término en inglés como en su adaptación al español, la palabra es **ambigua**. Entonces le preguntas a varios compañeros de la oficina cómo se dice: "la *selfie*" o "el *selfie*". Como la mayoría lo dice en femenino, optas por ese género.

¿Cómo se ve ahora el correo?

Estimados compañeros:

Se acerca la Navidad y para compartir el espíritu de la empresa en nuestras redes sociales, este año la fotografía navideña se tomará en un formato más casual: será una *selfie* de todo el equipo.

La cita es en el jardín trasero del edificio a las 11:00 horas del viernes 15 de diciembre. La asistencia de todos es indispensable. Lleven sus celulares para que tengan oportunidad de realizar su propia foto y tener así distintas *selfies* del equipo.

¡Saludos!

Pudiste haber escrito: ... *será una selfi de todo el equipo... y tener así distintas selfis del equipo, o ... será un autorretrato de todo el equipo... y tener así distintas autofotos del equipo...* y en ningún caso habría errores, pero elegiste la opción más adecuada según criterios establecidos a partir de tu consulta, y todo a partir de la autocorrección.

4. Corrige y relee

Ya has consultado y tomado la decisión, ahora corrige tu texto original y reléelo. Solo así sabrás si está concluido, y tras una autocorrección estratégica, nadie mejor que tú para darle el visto bueno a tu mensaje.

La citación también puede ser una duda. No sabes de dónde salió una cita o recuerdas haber leído por ahí un dato que es relevante para tu texto, pero estás siendo vago en su referenciación [regresa al apartado "Aparato crítico y referencias"]; aplica el mismo criterio de autocorrección: identifica, consulta y corrige tus registros hasta que estés seguro de lo que presentas.

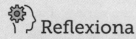

Reflexiona

Los pasos de la autocorrección:
> Identifica el tipo de duda o qué puede mejorar en tu redacción.
> Selecciona tus recursos.
> Compara las posibles soluciones, genera un criterio y elige.
> Corrige y relee.

¿Cómo saber cuándo termina la revisión y cuándo está listo el texto para enviarse...? Antes de la estrategia de la autocorrección, definitivamente no es apto para publicarse, nunca. Si las respuestas que conseguiste a tus dudas han sido inmediatas y claras, es factible que no haga falta dedicarle más tiempo. Puede que haya sido complicado generar los criterios para tu manuscrito o sigas pensando en la coherencia o cohesión de este; si esto pasa, entonces todavía no está listo: léelo nuevamente, investiga los aspectos cuyas respuestas no te convencieron en tu primera revisión, dale espacio y relee. Entonces podrás entregarlo a tus lectores.

Lectura crítica y descanso del texto

Cuando se trata de textos trascendentales para ti —no de un mensaje de texto para modificar la hora de la fiesta—, si existe la posibilidad de que alguien más, como un profesor, asesor, supervisor o amigo revise tu texto, adelante, considéralo parte de tu proceso de revisión y aprovecha la opinión de otros ojos. Esta es una revisión crítica; elige a una persona con objetividad, preferentemente cercana a tu tema. O si lo que necesitas es un revisor completamente ajeno porque tu lector es un público poco familiarizado con tu especialidad, esta retroalimentación podría darte muy buenas señales sobre si estás en el camino correcto para comunicarte con tus próximos interlocutores. No siempre es posible debido al poco tiempo para la entrega, porque la persona que podría ayudar no está disponible o tal vez no te atrevas a solicitar ayuda, pero considéralo cuando tengas la oportunidad.

La redacción competitiva requiere de tiempo antes, durante y después de la propia escritura: preparar tus ideas —como el ejercicio de los pósits del capítulo 1—, reflexionar sobre de tu entorno comunicativo y el de tu lector como interlocutores, enlistar las palabras clave, revisar los borradores de tus oraciones, dedicar tiempo a tus lecturas previas. Después viene el ejercicio de la escritura: teclear o garabatear, posicionar las palabras clave, trabajar en pasar de las líneas a los párrafos, generar estructura y coherencia, colocar las referencias, escribir y reescribir, leer y releer... Entonces llega la revisión, que consta de la autocorrección y del descanso del texto.

Generalmente, el vaciado de tus ideas y oraciones de la cabeza al papel o a la pantalla no es un proceso del todo estructurado ni coherente y suele haber repeticiones de conceptos, pero ya tienes registrado qué vas a comunicar. Una vez hecho esto, dale espacio a lo que escribiste. Así como tú, el texto también necesita descansar. Revisar lo que escribiste inmediatamente después de haberlo tecleado no es una buena opción, porque, como escritor, estás aún inmerso en tus ideas y en ese momento todo parece correcto o estás tan cansado que no prestas la suficiente atención; verás que no es un método infalible. Pero después de un descanso, serás más objetivo y entonces habrá un proceso de revisión más profundo. Dependiendo de su magnitud y complejidad, dale todo el espacio posible: horas, días o semanas. Marta Lamas comenta al respecto: "Es muy importante tener el tiempo para escribir y también darle el tiempo para que se 'enfríe' y releerlo con ojos 'frescos'."[18]

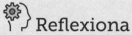

Reflexiona

La pregunta indicada no es si escribo mucho o poco, es si le dedico el tiempo suficiente a lo mucho o poco que quiero escribir.

---

[18] Marta Lamas. "Escribir para transmitir", *Cómo escriben los que escriben. La cocina del escritor*. México, FCE/ITAM, 2011, p. 57.

Capítulo 3

Hay un antes y un después en tu redacción

Sobre la importancia de la lectura en relación con la escritura

La lectura del mundo

Leer es un acto de humildad, porque siempre convida a otros, así como también necesita de otros; implica entrega, aprendizaje, retroalimentación, conocimiento. El filósofo y escritor Roland Barthes, en torno a la lectura como un acto gozoso, habla de "una Babel feliz".[19]

Babel es un concepto utópico —el no lugar— del entendimiento entre los seres humanos en un mundo incapacitado para la comunicación; existe en nuestro imaginario para decirnos que en algún momento del tiempo, en un acto consciente y egoísta, nos incapacitamos para entendernos con otros. En esta época completamente

---

[19] Roland Barthes. *El placer del texto*, 16.ª ed. México: Siglo XXI Editores, 2007, p. 10.

globalizada y con posibilidades casi infinitas de interconexión con cualquier persona en el planeta, la conozcas o no, existen dos posibilidades de transitar: la primera, pasar de frente, que es vivir sin observar; la segunda, leer el mundo.

Leer es un acto tan noble que, en un primer plano, no se necesitan letras para llevarse a cabo. Leer el mundo es observar, descifrar, repasar, percibir lo que acontece a nuestro alrededor: objetos, entes, información, sensaciones, historias y sentimientos que con el tiempo se convertirán en recuerdos y referentes, serán nuestra "lectura del mundo". Y, llegado el momento, se verán reflejados en nuestras palabras escritas cuando alguien nos lea.

Los lectores suelen cuestionar a sus escritores —entiéndase como aquel que se dedica a la escritura de manera profesional— si en sus historias se revelan sus vivencias, si acaso ellos o sus seres cercanos son personajes. Como algunos pintores aparecen sin pena en sus propias obras, así quiere verse al escritor dentro de su manuscrito, como si se tratase de un retrato. Lo mismo pasa con observar todo lo que te rodea y te construye como individuo, tu día a día: se reflejará, en mayor o menor medida, en tus palabras, pero también en tus decisiones como lector.

Leer el mundo es el primer paso para generar "criterio de lector", porque lo visto y descifrado es lo que despierta interés, lo que hace que te cuestiones, que busques respuestas, y lo escrito es una inmensa fuente de conocimiento, entendimiento y entretenimiento. Como lector, te construyes, y eso depende de tu criterio: lo que selecciones será, en mayor o menor medida, parte de tu bagaje del mundo de las palabras. Un lector ávido ojea tanto su mundo como las páginas que lo conforman.

Yo me considero una lectora tardía. En la casa de mis padres no había libros, cuando era pequeña fue un objeto poco común, salvo los clásicos cuentos infantiles que después heredaron mis hermanos. Sin embargo, un día, a mis 12 años, encontré uno en la estantería: *Un mundo feliz*, de Aldous Huxley. Ese primer libro inició la cascada de lecturas que ha sido mi vida hasta hoy. Me topé con las puertas de Huxley, luego con las de Morrison y después con las de Wilde; para cuando llegué a los 13 años, mi papá ya no entendía qué leía y por qué en esa cadena.

Ese viaje de una referencia a otra, ese hilo conductor sensible y que a la vez empuja como torrente, es un suceso cíclico: una lectura te lleva a otra, cada primera página puede convertirse en una infinidad de posibilidades.

Ser lector es una habilidad que, como la escritura, se desarrolla y debe ejercitarse para mantenerla en forma. La relación entre la lectura y la escritura es íntima, complementaria y exponencial: entre más competencia para leer poseas, más destreza tendrás para tu redacción. Porque cuando lees no solo disfrutas, te distraes y recabas información, también hay aprendizajes. El primero es el de la competencia de la lectura: desarrollar la habilidad, la pericia del acto de leer que va de la alfabetización y la significación hasta la comprensión. Le siguen conocimientos ortográficos, léxicos, gramaticales, sintácticos, tipográficos... Y, por último, llega la asimilación de las ideas y del estilo de tu autor. En total, hablamos de criterio, conocimiento, herramientas, referencias, normas. Todo eso son también competencias de la escritura, y profundizas en ellas durante el sencillo acto de leer.

Cuando se trata de competencias, redactar y leer son actividades que se acompañan siempre, como acabamos de enunciar, pero también son acciones inmediatas que se desencadenan entre sí: leer un mensaje para después responderlo, redactar un texto para que sea leído. Tú eres todo: escritor y lector, productor y reproductor, consumidor de palabras, de contenidos. E intercalas tus roles constantemente, a veces hasta en un lapso de minutos o segundos;

por ejemplo, recibes el mensaje de texto, lees, respondes, esperas la réplica, lees, respondes... El filósofo Byung-Chul Han plantea que ninguna jerarquía separa al emisor del receptor.

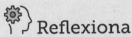 **Reflexiona**

El principio de una escritura ejercitada es una lectura en forma.

Lo dicho: tus textos se nutren de tu experiencia como escritor, y eso implica tu experiencia como lector. Todo aquello que esté correcta o incorrectamente redactado podría reflejarse en tus letras, por ello el criterio para elegir qué y a quién leer es trascendental. Ya hablamos de las autoridades, tú las seleccionas, revisas, aceptas o rechazas. Y no se trata solamente de autores de ficción y de los textos que consumes por entretenimiento o placer, sino de todos los relacionados con tu redacción: si en tu oficina, escuela o redes vas a departir sobre una temática, la mejor compañía serán las lecturas que se relacionen con ella. Esas referencias aportarán léxico, opiniones, apoyos, argumentos y citas a tu redacción.

El principio de todo escrito es la lectura del mundo, la búsqueda de esa Babel feliz en la que la comunicación es posible, y eso sucede solo cuando existe un genuino interés en el entendimiento de lo que te rodea. Entre más leas el mundo, más páginas ojearás y redactarás después.

El lector actual

Todo el entorno cotidiano se ha modificado con la conectividad, internet, las muy variadas plataformas y redes sociales. En consecuencia, se han alterado los patrones de comunicación y, por lo tanto, los lectores también han cambiado. Sin duda, la evolución de la comunicación a partir de la era de internet ha modificado también el hábito de la lectura en la comunicación digital. Así, el lector actual está directamente relacionado con el entorno digital, que se basa en la web y se desperdiga en los aparatos y las plataformas que le sostienen. Byung-Chul Han, en un ensayo sobre las interacciones sociales, opina: "Cojeamos tras el medio digital que, por debajo de la decisión consciente, cambia decisivamente nuestra conducta, nuestra percepción, nuestra sensación, nuestro pensamiento, nuestra convivencia."[20] En este contexto, ¿quién es el lector actual?

Como consecuencia de la inmediatez que tanto caracteriza las comunicaciones hoy en día, el lector actual es una persona impaciente, pero ¿es exigente?, ¿busca calidad o solo recibe el mensaje sin cuestionar su forma y los aspectos que ya hemos abordado como adecuación y corrección? Me parece que en este torrencial ímpetu de expresarnos en las plataformas que más utilizamos hay mucha más permisibilidad ante la calidad de lo que recibimos.

Ahora tenemos acceso a prácticamente todos los contenidos, ya sean impresos o digitales; están a la mano, a un clic, a una visita a la escuela, la biblioteca, la librería. Y, en general, son asequibles, incluso impera la idea —errónea— de que la gratuidad es inherente a la web. El lector actual es demandante en términos de accesibilidad: no concibe que se le niegue contenido alguno, y si llega a pasar, lo encuentra en otro lado, porque se ha vuelto muy independiente en la búsqueda de información.

Otro rasgo es la colectividad. En los años setenta del siglo pasado Barthes aseveraba: "El texto [...] manifiesta la naturaleza

---

[20] Byung-Chul Han. *En el enjambre*. España: Herder, 2016, p. 11.

asocial del lector (solo el ocio es social)."[21] Esto ha mutado en ambas caras de la interlocución. Ahora redactar es un acto social: publicamos con la intención de no solamente ser leídos, sino también comentados; solicitamos más información y atención. Así, el texto ya no es del todo individual en su lectura; ha perdido el rasgo de introspección, de soledad, pero ha ganado el de comunidad. Y también estamos más abiertos a recibir otra clase de información, nos interesa leer lo que se publica en nuestro círculo de amigos y colegas, pero también aceptamos con más facilidad otros intereses; hemos ampliado nuestro halo de información. Las comunidades en medios digitales, en actividades del tipo clubes de lectura, en espacios como bibliotecas o librerías que ahora son cafeterías, bares, foros, incluso cines, la gran sociabilización a través de la escritura, nos ha dado más lecturas.

Y tampoco la producción no es individual ni distante: quedan cada vez menos de esos escritores —profesionales o no— solitarios y ajenos a su público. Hoy en día se conversa directamente con los lectores, la interacción es directa, incluso se ha cruzado la barrera de la retroalimentación como un proceso orgánico y ahora tiene un tono más de demanda, se percibe casi como un reclamo —contesta ya, resuelve esto, estoy en contra, estoy a favor, debáteme, quiero más capítulos...—.

Principalmente en las redes sociales y en plataformas con retroalimentación en formato de comentarios hay una gran ausente: la mediación. La opinión, los mensajes, las propuestas, las réplicas, las manifestaciones se producen, consumen, reenvían directamente, sin intercesión alguna. En este panorama encuentro dos desventajas para la redacción: se disuelven o parecen innecesarias

---

[21] Roland Barthes. *El placer del texto*, 16.ª ed. México: Siglo XXI Editores, 2007, p. 27.

la normatividad y la revisión, por consiguiente, no hay conciliación con nuestra propia escritura, lo que afecta directamente a la calidad de los contenidos que llegan a nosotros y los que entregamos.

Entonces, ¿cómo es el lector actual? Distraído, ausente, ajeno... La capacidad de concentración de este se ha reducido a la par que han aparecido tantas posibilidades. Pregúntate, cuando lees en papel o en pantalla, ¿durante cuánto tiempo estás completamente concentrado? ¿Cuántos y cuáles son tus distractores? Como lectores, somos dispersos; la completa atención se vuelve cada vez más difícil de lograr. Se nos ha dicho que ser *multitasking* es valioso, pero ¿lo es en el entorno de la comunicación? En general, la interrumpe, y mucho, y tanto la lectura como la escritura, por mínimas que sean, requieren de concentración.

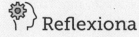 **Reflexiona**

Cuando leas, analiza qué es lo que gozas, disfrutas, respetas, destacas de ese texto y pregúntate si podrías replicar la misma emoción en tu redacción.

La ley del mínimo enfoque y del menor tiempo a lo que se presente ante los ojos impera. Parece una nueva epidemia: se trata de una nebulosa que se forma frente a las palabras que impide que se lean a conciencia. Por ejemplo, es común que alguien me llame o me escriba para preguntar por algo ¡que acabo de entregarle por escrito! No necesariamente se trata de párrafos extensísimos, con muchas **oraciones subordinadas**, descripciones complejas, no, sucede también con dos líneas en donde me explico con claridad. ¿Algunas vez te ha pasado?, te pone de malas y dices: "¡Es que la gente no lee!", o piensas "Ahí está la información, lee de nuevo, no me preguntes lo que ya tienes por escrito". Canaliza esa furia cuando recibas cualquier mensaje, pues a menos que esté mal redactado, lo que necesitas saber estará en esas líneas. No pases tus ojos por encima, enfoca y libérate de la nebulosa.

Así como nos hace más dispersos, la inmediatez y accesibilidad en la escritura digital también tiene sus bondades: "Porque de repente todos comenzamos a escribir. Nos compran el primer *smartphone* y surgen nuevos puentes de comunicación. Gente que antes no escribía ni en el cuaderno ahora escribe cincuenta tuits diarios",[22] dice Laura García Arroyo. El puente entre interlocutores se ha estrechado tanto que es sencillo cruzar de la actividad de redactar a la de leer: generas contenido, que a su vez significa más posibilidades de lectura; y el camino de regreso: lees para replicar o para ser parte de esa comunidad. El lector actual navega entre la redacción y la lectura de manera más relajada, más libre, más constante, sin menos cuestionamientos y más acción.

¿Es el lector actual bueno?, ¿es malo? Es real y de ti depende usar el conocimiento de cómo se comporta a tu favor. Como tú no eres el mismo escritor en todos tus textos, tu receptor tampoco. Como redactor te toca estudiarlo según su entorno de comunicación, sus plataformas, recursos, intereses —dentro y fuera de la lectura—. Ahí radica la ventaja para comunicarte de manera más directa con tu interlocutor.

¿Qué leemos? Como mexicanos, nos persigue el fantasma de un promedio de lectura poco alentador, proveniente de estadísticas relacionadas principalmente con libros de ficción y textos educativos. Para mí, las encuestas se han saltado un factor destacable: el cotidiano, pues ahí también hay una construcción en torno a la

[22] Laura García Arroyo. *Enredados*. México: SM, 2015, p. 7.

creación, la reproducción y el consumo de mensajes escritos. Pero no siempre somos conscientes de estar haciendo ese ejercicio.

La lectura exclusivamente como la alta literatura y en un objeto con tapas es una falacia, hay que analizarla más allá de las fronteras del libro, porque se lee todo, ¡hasta el mundo! Se lee como entretenimiento, ejercicio, dispersión, guía, apoyo, estudio, información, práctica, y hay muchos otros tipos de comunicaciones y documentos: revistas, artículos, periódicos, cómics, manga —digitales o analógicos—, informes, blogs, sitios web, redes sociales, anuncios, letreros, comunicados, correos electrónicos, publicidad, ofertas del súper, cartas bancarias que llegan por correo postal... Me gusta considerarlos todos cuando pienso en mi Babel feliz, porque la mayor parte del tiempo estamos más expuestos a esos elementos que a los propios libros.

La lectura es también controversial. Veamos un caso local: no hay quien no haya detectado en los puestos de periódico de la calle *El libro vaquero*, clásico popular mexicano, un wéstern romántico-erótico que se lanzó al mercado en los setenta y que después de tantas décadas sigue teniendo un pulso fuerte: se imprimen 400,000 ejemplares a la semana.[23] Es una publicación no contemplada en las encuestas de lectura, ni siquiera en conversaciones, pero me parece que brinda un dato valioso: son 400,000 objetos de lectura accesibles y asequibles. Y si se reimprime cada siete días

[23] "*El libro vaquero*, un wéstern romántico con un toque muy mexicano que con 400,000 ejemplares a la semana es una de las publicaciones más leídas de México". https://expansion.mx/entretenimiento/2012/04/22/el-libro-vaquero-el-western-mexicano-mas-leido (03/09/2018). "En la década de los 80 del siglo pasado, *El libro vaquero* llegó al millón y medio de ejemplares. Actualmente es semanal y tiene un tiraje de 400,000 ejemplares a nivel nacional. Por estos días llegará a las más de 1,560 publicaciones". www.sinembargo.mx/12-04-2013/583742 (03/09/2018).

esa envidiable cantidad, es porque se consume. Sin cuestionar el tipo de contenido, es un objeto de lectura muy a la mano.

Yo considero todas las posibilidades de lectura porque cada una puede impulsar a otras; no importa si la primera referencia es Huxley, *El libro vaquero* o un post en Facebook, todas son parte de una cascada de oportunidades y creo que el entendimiento de nuestro entorno como palabras escritas y lecturas nos conecta más con nuestra redacción y hábito lector, pues recibimos constantemente información que puede ser replicada tanto en experiencia como en referencia.

Mi lectura y la de los otros

Tu escritura implica la de los otros. Cécile Ladjali, en el prefacio de *Elogio de la transmisión,*[24] dice: "Nadie es capaz de escribir si no ha leído mucho", y lo creo devotamente.

Con frecuencia consulto a los autores que me gustan, en quienes confío debido a su maestría en algún tema o a su buena redacción, a aquellos que me entusiasman, inspiran o interesan, o accedo a revisar otros que me recomiendan, y todos ellos se convierten en un modelo, porque me motivan, me enseñan o me complementan como escritora y como lectora. Me gusta el acercamiento que propone Marta Lamas —compartido al inicio de este libro—, porque comparto la sensación: "Como soy muy lectora, al leer cobro conciencia de lo bien que escriben los autores que me gustan. Me comparo y me doy cuenta de que no les llego a los talones."[25]

---

[24] George Steiner y Cécile Ladjali. *Elogio de la transmisión*, 4.ª ed. España: Siruela, 2016, p. 21.

[25] Marta Lamas. "Escribir para transmitir", *Cómo escriben los que escriben. La cocina del escritor*. México, FCE/ITAM, 2011, p. 59.

Te recomiendo que busques otros escritores que te reten y te hagan sentir que puedes hacerlo mejor.

Una buena redacción también depende de una buena lectura. Ya dije: considera todo lo que está a tu alrededor como parte de tu ejercicio lector, ese es un primer nivel de acercamiento. Pero conforme te vuelves más competente en tu redacción, también lo haces en tu lectura, y eres más crítico y selecto, por lo que con el tiempo y la perseverancia del hábito serás más profesional y competitivo, pues en tus palabras se escuchará el eco de aquellas elevadas referencias.

 Reflexiona

Pregúntate: ¿Qué proyectas por tu selección de obras? Te sorprenderás de lo mucho que tus lecturas hablan de ti como redactor.

Existe también quien nos lee a un nivel profesional para brindarnos retroalimentación, como es el caso de nuestros maestros, sinodales, superiores, colegas del trabajo o correctores de estilo. La gran aportación de esos lectores es que son los primeros ojos que revisan y valoran. En tus redes sociales o comunicaciones más íntimas puede que no tengan cabida, pero cuando busques ser competitivo en otro tipo de documentos, invita a esos ojos. Si convences al primer par, el resto será más alcanzable.

 Reflexiona

Los espacios de lectura son retadores, porque te invitan a continuar, así que te recomiendo que te hagas, por lo menos, de uno.

Por último, quiero comentar una situación que, por desgracia, es cada vez más notoria y agravante en la comunicación. La libertad en la lectura y la escritura es infinita, y en ese marco de posibilidades y libre tránsito se puede perder fácilmente el respeto por el interlocutor. Algunos de los textos más provocadores y ofensivos los he visto en comentarios y respuestas en la web, que es la plataforma más propicia a la interconexión, en todo tipo de redes sociales, foros, secciones de comentarios, blogs... y ni siquiera en relación con asuntos ríspidos por su naturaleza; parece que lo que sea y quien sea puede agredir las palabras del otro. Y no es así.

Byung-Chul Han describe a las generaciones actuales como la "sociedad de la opinión". Opinar está al alcance de cualquiera que esté conectado, pero en la inmediatez y sin mediación alguna se corre el riesgo de que se convierta en una intervención insustancial o conflictiva. Además, el factor del anonimato atenta expeditamente contra el respeto hacia otros usuarios; es la peor careta de nuestra era de la comunicación digital.

Álex Grijelmo anotó al inicio de este milenio: "Nada podrá medir el poder que oculta una palabra."[26] Ahora esa expresión está más vigente que nunca y es completamente consecuente. Por ejemplo, el "troleo" es bien conocido en las redes, los comentarios y juicios bravucones de desconocidos que alcanzan una categoría de hostigamiento y hasta *bullying*. O existe una figura en internet que erróneamente se denomina corrector, quien se "dedica a corregir" faltas de otros en un tono poco constructivo y con el propósito de evidenciar; ese no es un corrector, es un caza-errores-agresivo-digital. El corrector es un profesionista cuya labor es asesorar para mejorar el texto, cuya principal responsabilidad es

---

[26] Álex Grijelmo. *La seducción de las palabras*. España: Taurus, 2000, p. 11.

la conciliación. Así que, aunque se agradece la intención, señalar es un esfuerzo inútil si no hay una enseñanza de por medio y si no se genera a través de un diálogo empático. Esa es, para mí, una clave de la opinión en la comunicación digital: compartir conocimiento, información, datos, casos, tips, para propiciar enseñanza y no inconformidad y menos intimidación.

La intención no debería ser evidenciar, sino mejorar. Por supuesto que cualquiera puede opinar, pero en esa inmensa libertad que nos brinda la palabra, hay límites en la manera de conversar... Te sugiero que los consideres cuando estés por replicar.

Qué pasa cuando no logramos el mensaje

"Es que no me entiendes", solemos refutar. ¡No, es que no te explicas! Y cuando no logramos comunicar el mensaje, pueden darse consecuencias en una muy amplia escala: en un panorama ideal, el lector podría retomar el párrafo en el que inició la confusión y dedicarle más tiempo de lo que tenía considerado para tratar de entender lo que quieres decirle; o en uno más catastrófico, perdería completamente el interés en tu texto y ¡en ti como escritor!

Recuerda, escribir correcta y adecuadamente un texto es la primera parte de una comunicación efectiva, que sea leído y entendido por tu interlocutor es la consecución. Para lograr la comunicación de tu mensaje, detecta y modifica los vicios y replica los valores de tu redacción.

 Reflexiona

En tu redacción, los vicios: identifícalos, combátelos y domínalos; los valores: identifícalos, destácalos y replícalos.

Vicios en la redacción es igual a desinformación y desinterés

Muletillas y repeticiones

Ejemplo
Bien, le solicito que se comunique con el área encargada y, bien, le solicito que cumplan con la fecha de pago. ¿Está bien? Ellos se encargarán de su pago oportuno.

Las muletillas no aportan significado alguno. Al respecto, Cassany comenta "[las muletillas] dan una falsa categoría 'culta' a la prosa."[27] Un discurso directo adorna mucho mejor la prosa que el exceso de palabras innecesarias y, por lo tanto, huecas.

Ejemplo
Como que no sé qué le pasa a mi internet, a ver. Güey, pásame la clave, güey. ¡Ay, güey! A ver, ¿por qué no puedo conectarme? Como que no se deja, güey.

En este caso, "güey" transmite una mala cara del hablante, no porque sea considerada por algunos como una grosería, sino porque , tal como sucede con "como que" y "a ver", de tan repetida, se vuelve una palabra vacía. Esta voz es pegajosa y viral, entiendo que la escuchas una vez y te invade la boca y no sale, pero haz un esfuerzo por eliminarla.

La repetición y las muletillas vuelven a un texto torpe, poco ingenioso, pero lo más grave: distrae al lector y genera desinforma-

---

[27] Daniel Cassany. *La cocina de la escritura*, 1.ª ed. mexicana. Barcelona: Anagrama, 2016, p. 146.

ción, por lo que recomiendo que cuides los espacios para colocar las palabras y las ideas. Un recurso para salvar estos vicios es hacer un listado de sinónimos y expresiones comunes. Por ejemplo, tenía identificadas las palabras clave de este libro, y para no ser repetitiva con el manejo de esos conceptos, hice listados de otras posibilidades para enunciar cada concepto, incrementándolos conforme avanzaba en mi escritura.

idea, pensamiento, ocurrencia, concepto

industria, medio, disciplina

tema, asunto, materia, contenido, concepto

libro, tomo, volumen, obra, texto, ejemplar

escribir, redactar, anotar, expresar, publicar, crear

complejo, complicado, difícil, enrevesado

interlocutor, lector, receptor

escritor, redactor, autor

mensaje, texto, redacción, comunicado, escrito, palabra, notificación

comunicar, trasmitir, anotar, compartir

claro, directo, conciso, obvio, evidente

primar, prevalecer, predominar, sobresalir

utilizar, usar, aplicar, emplear, manejar, aplicar, destinar

contrario, discorde

norma, regla, canon

Los verbos comodines son también un vicio de la repetición. Cassany los define como "[...] de sentido bastante genérico, que utilizamos cuando no se nos ocurre otra palabra más específica."[28] Los más comunes son "tener", "hacer", "dar", "poner",

---

[28] Daniel Cassany. *La cocina de la escritura*, 1.ª ed. mexicana. Barcelona: Anagrama, 2016, p. 147.

"decir", "querer". Además, con el uso excesivo de ellos parece que el redactor no se sabe más palabras y la lectura se torna aburrida; estos verbos son genéricos, por lo que el mensaje se vuelve poco concreto si se abusa de su uso. La solución es fácil: cuando utilices uno de ellos, pregúntate si habrá otro más específico; por ejemplo:

La empresa tiene un total de 200 empleados (bien puede sustituirse "tener" por otra construcción).

La empresa se conforma por un total de 200 empleados.

Desinformación y ambigüedad

Ejemplo
La entrega de útiles se llevará a cabo mañana en la explanada. Traiga los documentos de validación del pago.

¿"Mañana" cuándo, si el letrero lleva desde la semana pasada pegado en el pasillo?, ¿se refiere a la mañana de qué día?, ¿en qué horario?, ¿aplica para cualquier persona que lea el aviso?, ¿qué es un documento de validación de pago, hay más de uno, cuáles son?, ¿en dónde se paga?, ¿cuánto cuestan los útiles?...

Tanto ser ambiguo como decir de más u obviar datos genera desinformación.

Ejemplo
Pamela no quiere a su hermana porque es muy envidiosa.

En este caso de ambigüedad, la información es poco precisa y se puede interpretar de distintas maneras. ¿Quién es la envidiosa, Pamela o su hermana? En un texto competitivo —a menos que se trate de ficción y sea completamente intencional— no hay cabida para la interpretación del lector, porque no debería ser necesaria. Si el mensaje es directo y claro, no habrá necesidad de descifrarlo. Evita el juego de "pasar la bolita"; si tú no entiendes lo redactado, ¿qué te hace pensar que tu lector lo hará? ¡No le des esa responsabilidad!

Obviedades

Ejemplo
Le pedimos su apoyo para que apoye en el conteo de votos.

Aquello que no sea necesario en tu oración porque ya está implícito o explícito, elimínalo. Como con las redundancias, vuelven cansada la lectura y generan desinformación.

Cacofonía

Ejemplo
Comentaron al comentarista cómo carecían de comandos correctos.

En la lectura también hay sonoridad, la cacofonía es la que resulta desagradable, como en el ejemplo de la repetición del sonido de la sílaba co y la letra ce. La legibilidad de un texto también consiste en la armonía que logres entre las palabras que seleccionas. Cuando redactes, lee en voz alta el mensaje antes de enviarlo, es un truco certero para percibir si hay o no cacofonía.

No considerar a tu interlocutor y su registro

Ejemplo
Chale, mano, no pagan en la fecha que tienen que dar la lana.

Dirigirse con un registro adecuado según el interlocutor revela interés por él y porque reciba el mensaje. En este ejemplo, queda claro que no es la mejor forma de reclamarle al encargado del departamento de recursos humanos; esta discordancia refleja impropiedad y propicia falta de interés y de seriedad por parte del lector.

Generalidades

Ejemplo
Todas estas cosas son importantes para mí.

Las generalidades generan vacíos en los mensajes porque no comunican una idea o información concreta, lo que termina por desinformar.

Abusar de las subordinadas y de incisos demasiado largos

Ejemplo
Me dijo mi mamá que te dijera que si vas a llegar tarde, por favor, avises a tiempo, aunque sabe que a veces no puedes salirte antes de la oficina, y que además le molesta mucho que no lo intentes y que seas el único que no puede hacer un esfuerzo por llegar a tiempo a la cena.

No compliques el camino de tu mensaje. El exceso de subordinadas y oraciones demasiado largas en donde anotes más de una idea, argumento, apoyo, puede confundir a cualquiera.

Congelarte y echarte para atrás
A veces queremos comunicar una idea pero no encontramos las palabras adecuadas o nos parece muy compleja su explicación,

entonces nos congelamos y optamos por no decir nada; parece una solución fácil, pero es la peor. Cuando no sepas cómo decirlo, cambia la frase. Hay otras maneras de enunciar y siempre será mejor que echarse para atrás y omitir el mensaje.

Grandes valores en la redacción

- Claridad. El mensaje debe ser transparente, inteligible para que se entienda de manera fácil.
- Coherencia. Es la conexión entre las ideas y cómo se expresan, sin contradicciones. Demuestra la actitud lógica y consecuente del interlocutor.
- Cohesión. El texto se lee como una unidad tanto a nivel de contenido —todas las ideas están integradas— como de estructura —hay un orden claro en su enunciación—; hay relación entre todos los elementos que conforman la redacción. Puedes apoyarte en palabras de enlace entre los párrafos para generar cohesión en el texto.
- Concisión. Es la brevedad que permite expresar una idea con exactitud. No hay elementos ni ideas de más en la expresión.
- Concreción en el tema. Es la demarcación precisa del tema. La claridad de saber sobre qué se va a escribir.
- Corrección. Es el acto de rectificar, mejorar, reformar lo errado según las normas y excepciones ortográficas actuales o las particulares dentro de especialidades. En un texto, es también la propiedad de lo correcto.
- Legibilidad. Es una característica del texto que destaca por entenderse con facilidad, rápidamente. Cassany define: "El concepto de legibilidad designa el grado de facilidad con que se puede leer, comprender y memorizar un texto

escrito. [...] textos más legibles, más fáciles, simples o que se entienden más rápidamente."[29]

- Vocabulario. Más léxico es igual a más posibilidades de expresión.
- Precisión. La expresión es concisa y clara cuando tiene los elementos necesarios sin vicios como repeticiones, muletillas o ambigüedades.
- Autorrevisión. En el ejercicio de la redacción tú eres el único —por lo menos antes de enviarlo a revisión con un experto o colega, si se da el caso— que puede corregirse. Escribe y reescribe. Lee y relee.

Ejercicio

Cada mensaje se acompaña de situaciones únicas, así que la solución tiene que estar hecha a la medida. Y el único que puede identificarlo es su redactor, para lo que te recomiendo el siguiente ejercicio.

ELEMENTOS INDISPENSABLES EN TU REDACCIÓN LABORAL

Pregúntate: ¿Cuáles son los problemas de comunicación escrita más frecuentes en mi área de trabajo? Por ejemplo:

> Por más que le dedico tiempo a redactar un correo, es obvio que el receptor no lo lee con atención, pues me pregunta exactamente sobre lo que le expliqué en mi comunicado.

> En las cadenas de correo se crean tantos hilos de conversación que se pierde la información relevante entre todos los mensajes.

---

[29] Daniel Cassany. *La cocina de la escritura*, 1.ª ed. mexicana. Barcelona: Anagrama, 2016, pp. 20-21.

> Los tiempos de respuesta son muy largos o no la hay.
> Los compañeros de otras áreas dan por sentado que todos conocemos sus términos o procesos de trabajo, pero en muchos casos no entendemos a qué se refieren.
> Hay tantos códigos internos que se vuelve complejo redactar cualquier documento, nunca sé por dónde empezar.
> No existe un manual para resolver dudas sobre cómo manejar criterios de redacción.
> No hay homogeneidad en el uso de terminología, cada colega llama a lo mismo de forma diferente.

ELEMENTOS INDISPENSABLES EN TU REDACCIÓN ACADÉMICA
Pregúntate: ¿Cuáles son las correcciones más comunes que me hacen mis profesores?

ELEMENTOS INDISPENSABLES EN LA REDACCIÓN DE MENSAJES INSTANTÁNEOS O REDES SOCIALES
Pregúntate: ¿Qué quejas o comentarios he recibido de mis interlocutores?

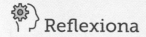 Reflexiona
Escribe-reescribe. Lee-relee.

Cómo nos comunicamos.
Dime cómo escribes... y te diré quién eres

Pareciera que a las generaciones más jóvenes se les permite todo por escrito. ¡Falso! Es una sensación consecuente de la prontitud, la inmediatez y la incorrección principalmente en las redes sociales, pero esta indolencia ante lo escrito no es una norma, es una carencia, un error.

Por otro lado, hoy en día se extiende cada vez más lo poco que nos conocemos unos a otros en nuestros distintos ambientes comunes. Solemos intercambiar al día decenas de mensajes escritos con una persona aunque no convivamos con ella, no sabemos cómo se ve, cómo suena su voz, cómo es su personalidad, o en otros casos la conocemos, pero nuestra interacción en persona u oral es mínima. Aunque leemos lo que escribe y a partir de ahí la juzgamos. ¿Es negativo, es positivo? Es real. Es la manera en la que la mayor parte de la comunicación sucede en nuestro contexto actual, tanto en el ámbito laboral como en el personal. Por eso debemos ser muy conscientes de la importancia de cómo nos comunicamos por escrito, porque para todos los que te reconocen a través de tus palabras, eres lo que escribes.

Por ejemplo, en tareas o proyectos escolares en grupo tus compañeros y tú tendrán algún debate u organización unos minutos después de clases o en línea, y después cada quien hará su parte. Tu aportación solo se valuará a partir de tu escrito. Por su parte, los trabajos son cada vez más globales y menos presenciales. Me pasa a mí: yo me comunico con colegas de todo el mundo y algunos de ellos solo me conocen a través de mis palabras escritas, no han visto mi rostro, rara vez han dialogado en una llamada conmigo, pero saben que escribo con profesionalismo todo lo que entrego, así pues, soy una colega profesional.

Reflexiona

Las palabras son tu imagen. *Dime cómo escribes... y te diré quién eres.*

¿Qué imagen crees que proyectan los siguientes correos electrónicos?

Correo 1

Hola!! Estimados todos,

Espero se encuentren bien. Me alegra saludarles.

Escribo el correo electrónico que reciben es para recordarles y que anoten en su agenda de compromisos que la fecha límite de entrega del **TRABAJO FINAL** del seminario Cultura Ciudadana y Movilidad, será el próximo 7 de noviembre de este año 2018.

Características del trabajo:
Extensión: entre 10 y 15 cuartilals
Letra: **Arial de 12 puntos**
Espaciado: doble.
Tema: El tema deberá relacionar su anteproyecto de investigación, con los elementos desarrollado por sus profesores, los ponentes, en el seminario.

Muchos saludos y muchas gracias. Abrazos.

Correo 2

Estimados todos:
Espero que se encuentren bien. Me alegra saludarles.
Escribo el correo electrónico que reciben para recordarles la fecha límite de entrega del **trabajo final** del seminario "Cultura ciudadana y movilidad": 7 de noviembre de 2018.

Características del trabajo:

- ✔ Tema: deberá relacionar su anteproyecto de investigación con los elementos desarrollados por sus profesores durante el seminario.
- ✔ Extensión: entre 10 y 15 cuartillas.
- ✔ Letra: Arial, 12 puntos.
- ✔ Espaciado: doble.

Saludos y gracias.

En el segundo correo ya no hay faltas de ortografía y se ha mejorado la puntuación, se eliminaron las redundancias y repeticiones, se corrigieron los estilos, se unificaron criterios de tipografía y tamaño, las características se colocaron como un listado y se agregaron por jerarquía sus elementos para generar más orden y se ha adecuado el tono del correo a uno formal.

¿Con qué profesionista preferirías trabajar?, ¿a quién considerarías primero para ese ascenso en la empresa?, ¿quién querrías que representara tu proyecto o a tu persona escribiendo un correo de tu parte?, ¿a quién le confiarías las redes sociales de tu emprendimiento?, ¿a quién creería el profesor cuando le dicen que el ensayo final adjunto al correo está listo para la dictaminación...?

A ver, wey, no puede ser que no llegaras al juzgado para firmar los malditos papeles que se supone te dejan andar de pata suelta en la calle. Es grave, grave, grave. Llámame!!!!!

¿Qué sucede aquí?: mensaje de texto de un tema serio en un registro inadecuado.

Sr. Martínez, su inasistencia al juzgado el día 05 de febrero de 2018 para la firma correspondiente a su libertad condicional es un asunto extremadamente grave. Como su abogado, le insisto en que se comunique conmigo.

¿Qué sucede aquí?: mensaje de texto de un tema serio en un registro adecuado.

Estimado director general, lamento el retraso en la entrega de mi presentación para el seminario de la empresa. 😬😬🫤🥴

Mañana a primera hora lo tendrá en su bandeja de entrada.

¿Qué sucede aquí?: mensaje de texto en un registro inadecuado para el interlocutor.

Mi amor, ¡gracias! Me encanta mi regalo.  😍

¿Qué sucede aquí?: mensaje de texto en un registro adecuado para el interlocutor.

En estos casos, ¿quién y de qué manera te va a contestar el mensaje?

Nos hemos enfocado principalmente en ti como interlocutor que entrega el primer mensaje, pero también eres quien replica. Sé consciente de que, en cualquiera de los escenarios en los que interactúas, la intención es la misma: comunicar adecuadamente tu mensaje, por sencillo que sea, como confirmar que vas a ir a comer a casa.

> Yo: ¿Nos vemos a las 9:00?
> Yo: ¿O te queda mejor a las 8:30?
> Tú: OK.

¡¿A qué horas vamos a reunirnos!? No estás contestando la pregunta, la comunicación es fallida.

> Yo: ¿Vas a venir a casa a comer?
> Tú: Si.

Crees que estás respondiendo que irás a comer a casa, aunque en realidad estás diciendo, literal, "pero" (si quisieras responder afirmativamente, la palabra es "sí").. No le diste a tu interlocutor la información que te solicitaba... No esperes un lugar en la mesa para ti.

> Yo: ¿Vas a venir a casa a comer?
> Tú: Sí.

Una respuesta tan breve y directa como un monosílabo en un mensaje de texto debe escribirse con corrección. No hay mensaje menor, todos deben perseguir una redacción competitiva, para que haya un plato con tu nombre en la mesa.

● ● ●

DIME CÓMO ESCRIBES...

Recuerda: todo lo escrito puede ser usado en tu contra, pero tú quieres que resulte a tu favor, y con una redacción competitiva tendrás la habilidad de lograrlo.

Cuando entregas tu redacción, en el canal que sea, inmediatamente dejas de controlarla, esta es una de las razones por las que un mensaje escrito es tan poderoso: se defiende solo, ya no puedes intervenir en lo que está sobre el papel, ya sea físico o digital; ya no te obedece a ti como el creador de ese documento, pues frente a los ojos de tu interlocutor todo depende ahora de lo que está redactado.

Uno de los fundamentos de una redacción competitiva es escribir de tal manera que la posibilidad de que regrese con el resultado que esperas sea muy elevada. Por lo tanto, no podemos culpar al otro de cómo percibe nuestro mensaje, porque, en principio, en nuestra redacción está implícito el cómo nos comunicamos. Es como una pregunta: si no está bien formulada, ¿cómo van a responderte exactamente lo que quieres saber? Sucede igual con cualquier mensaje que pretendes comunicar: sé directo y conciso en lo que solicitas para que te respondan al respecto; sé claro en lo que quieres compartir, para que se enteren sobre eso.

Ahora que eres competitivo en la enunciación de tus mensajes, persigue que se entienda lo que quieres comunicar desde que tecleas tu idea, y olvida por completo la oración "es que no me entiendes", pues ahora sabes que evitar esa situación depende de tu propia redacción.

Lo que te invito a que te cuestiones es si al enviar ese mensaje de texto, el correo, el informe, la tarea... realmente has entregado la selección de palabras adecuadas y de manera correcta, con claridad en el mensaje que pretendes comunicar y, sobre todo, si estás reflejando a las personas con quienes buscas interactuar. Ambos aspectos son igual de trascendentales cuando escribes para alguien más. Tú eres lo que escribes, así que pregúntate cómo quieres que te perciban.

Puede darse el caso de que tu lector no esté contextualizado y, por lo tanto, le sea más complejo comprender lo que le comunicas. Incluso en esa situación, una redacción competitiva habrá de presentarle una base lúcida para introducirse a ese tema que le es ajeno.

¿Cómo puedes controlar que tu escrito refleje quién eres? Como dijimos al inicio de este libro, el hecho de que lo tengas en tus manos significa que planeas mejorar tus habilidades comunicativas, así que me queda claro que pretendes redactar de manera competitiva. Tratándose del lenguaje, hay que actualizarse constantemente y cuestionarse cuáles son las habilidades faltantes o imperfectas para estudiarlas y mejorarlas. No olvides que todo aplica tanto para redacciones tan breves como la respuesta a un mensaje de texto como para las extensas. Con herramientas como las que estás revisando en este libro más con todo lo que te actualices por tu cuenta, lograrás que tu escrito refleje lo que quieras.

Y también hablamos de la competitividad como el mundo en el que interactúas por escrito. Los mensajes a través de los que te comunicas podrán ser solo la mínima parte de los que reciben otras personas, pero deben ser los mejor concebidos si quieres destacar entre tantas palabras escritas y tecleadas en esta realidad en la que que te toca vivir extremamente conectada y comunicada casi en su totalidad por escrito.

Para empezar, entiende que ese gran universo que es tu vida tiene muchos microcosmos, cada uno con sus propias reglas en torno al lenguaje, que es un asunto de adecuación. Por eso es trascendental lograr mensajes adecuados, es decir, comunicar en el contexto, en el canal y con la enunciación adecuados para la situación [regresa el apartado "Redacción competitiva"] y pregúntate: con quién sí y con quién no.

Las groserías son un buen ejemplo. En general, en ciertos contextos están mal vistas, pero en realidad son vocablos, palabras como todas las demás que también cuentan con su **entrada** en los diccionarios. Las majaderías son una parte entrañable del léxico de una región o del entorno de una persona porque, aunque algunas están en glosarios, la mayoría se escuchan y aprenden en el día a día y solo viviéndolo puedes acceder a ese vocabulario. ¿En qué conversaciones las incluyes? Con tus colegas más cercanos sí, con tus jefes no. Con tus amigos sí, con tu madre no. Cuando estás contando una anécdota con tu gente de confianza sí, cuando expones tu ponencia frente al grupo o a tu equipo de la oficina no. En conclusión, hay una decisión implícita en cómo te comunicas según el espacio, el interlocutor y este tipo de palabras.

Cuestionar con quién sí y con quién no también aplica a espacios y situaciones. Cuando yo estaba en la secundaria (nos mandábamos mensajes en papelitos, para que te hagas una idea...) tenía una maestra de Español que nos bajaba puntos en las pruebas y tareas cuando escribíamos "xq". Para nosotros era obvio lo que esas dos letras juntas significaban dentro de una oración.

Ejemplo
Me dijo que no vendría xq está molesta contigo.

Le argumentábamos a la maestra que si se entendía, entonces daba igual cómo lo escribiéramos. Mucho más allá de cualquier norma ortográfica, nuestro error era el espacio en el que escribíamos así: en la escuela, en las tareas, en los exámenes. Cuando alguna vez interceptó uno de nuestros papelitos con un "xq" en el mensaje, no nos dijo nada más allá de que pusiéramos atención. En ese momento ella me pareció incongruente debido a que no nos regañó por haber escrito así, pero tanto tiempo después entendí que en el papelito sí se entendía "xq" y en el examen no.

Hoy en día nunca escribiría eso, ya que no soy esa persona: ahora soy una redactora competitiva que pretendo escribir mensajes que siempre se reciban con legibilidad, que hablen por mí y reflejen a una profesionista, a una aprendiz, a una amiga, a una colega, a una mujer. Cómo nos comunicamos por escrito importa y depende principalmente de nuestra competitividad. Si me preguntan "Dime cómo escribes", mi meta es decir: ¡Competitivamente!

Capítulo 4

Léxico

El léxico es el repertorio de palabras de un idioma, en nuestro caso, todas las voces que conforman el español. Léxico también es el "conjunto de las palabras y expresiones usadas habitualmente por una persona"[30], es decir, tu vocabulario. Existen muchas palabras que son comunes para todos, por ejemplo, *mamá*, pero tal vez el vocablo que tú empleas para llamarla es *jefa*, *vieja*, *ma*, *amá*... Todos existen y son válidos en ese inmenso conjunto que es el español, y el que tú empleas es aquel que forma parte de tu propio léxico. Así, el léxico puede ser general y de todos, o muy personal y de tu entorno.

Las palabras son parte de la vida, son inherentes a ella, pero ¿alguna vez has pensado cómo llegan a ti?, ¿por qué enuncias una y no otra?, ¿tienes una, dos o tres favoritas?, ¿has vetado alguna porque te trae malos recuerdos? Como bien anuncia el lingüista Luis Fernando Lara, "de todos los elementos que componen una

---

[30] María Moliner. *Diccionario de uso del español*, 3.ª ed., tomo II, Madrid: Gredos, 2007, p. 1769.

lengua, el único que establece una relación con la experiencia del mundo en que vivimos, con nuestras emociones y recuerdos, con nuestro siempre creciente conocimiento, es el léxico".[31] Porque las palabras son herencia, familia, gente cercana, tradiciones, aventuras, escuela, sentimientos, pasado y presente.

Como sabes, la escritura nos define y, así como las ideas que pretendemos compartir, las palabras son el principio de muchas decisiones. ¿Moldeamos nuestro entorno con nuestras palabras? Sí, porque enunciamos. Y enunciar es crear, entender, definir, decidir.

Ser adulto es genial, te toca pagar renta, sí, pero la buena noticia es que ¡puedes escoger tus propias palabras! ¿Recuerdas cuando tu abuela te amenazaba con lavarte la boca con jabón por decir groserías y tu papá te amedrentaba diciéndote que cuando vivieras en tu casa hablarías como quisieras pero no bajo su techo...? Pues un caudal léxico amplio y la conciencia de su uso traen consigo la libertad de expresar lo que quieras.

A mí me encanta el verbo *liar* con la **acepción** de "crear un conflicto, armar un lío" (*Sigue así y la vas a liar*) y he decidido utilizarlo porque me parece una palabra sonora, divertida y más original que "vas a armar un desmadre", que ya está muy dicho. *Apapacho*, según el *Gran diccionario náhuatl* (GDN), viene de la palabra náhuatl *apapachoa*, que se define en otros glosarios como "palmadita cariñosa o abrazo" (RAE), "mimo, caricia, cuidado" (*Diccionario de mexicanismos*), "acariciar", "apretar"; hasta ha desarrollado su propia **etimología popular**, que parece más un mito: "Abrazar con el alma" —y se entiende, a quién no le gusta ser cursi de vez en cuando—. Como sea, es una voz que considero muy mía, disfruto al expresarla y compartirla con otros hablantes, y varios

---

[31] Luis Fernando Lara. *Herencia léxica del español de México*. México: El Colegio Nacional, 2018, p. 7.

de mis amigos extranjeros la han aprendido de mí. En un listado del léxico que me detalla es, sin duda, la primera voz.

Antes de seguir, hace falta una aclaración: que una palabra aparezca en un diccionario no quiere decir que se use, y viceversa, que no esté incluida no significa que no exista o que no se use. Que una palabra esté registrada significa que se encuentra en el diccionario y, por lo tanto, es parte de ese registro léxico específico; hay diccionarios normativos, de uso, de dudas, enciclopédicos, especializados, históricos, además de los **corpus**, así que si no encuentras esa voz en uno, podría estar en otro. La edición 23.ª del ***Diccionario de la lengua española*** (*DLE*) —publicada en 2014 y en 2015 en línea— recoge 93,111 entradas y 195,439 acepciones.[32] Esa cantidad no es el léxico del español, pues nuestra vivísima lengua no tiene un número cerrado de palabras, es únicamente el registro de ese glosario. El escritor Gabriel Zaid lo afirma: "Ningún diccionario de la lengua puede ser exhaustivo: incluir todas las palabras usadas por todos los hablantes."[33]

En definitiva, no todas las palabras están recogidas en tomos de la Academia, y eso no significa que no existan, porque, en el lenguaje, enunciar es crear y la palabra dicha existe. Después hay un proceso de recepción, asimilación, reproducción, hasta llegar a la réplica y que se vuelva de uso común por otros hablantes, y que esa nueva palabra viva en el registro o en el uso, que vaya del desuso al olvido, y muera, haya sido o no registrada... El filólogo Alberto Gómez Font defiende también las nuevas ocurrencias de los hablantes: "Desde el instante en que alguien pronuncia una palabra esta existe, y si a ese alguien le da por escribirla, existe más aún, y si con-

---

[32] RAE, **ASALE**. "Preámbulo", *Diccionario de la Lengua Española* (*DLE*). Barcelona: Espasa, 2014, p. XI.

[33] Gabriel Zaid. "Diccionarios recomendables", *Mil palabras*. México: Debate, 2018, p. 118.

vence a unos cuantos amigos de que la utilicen, la nueva palabra no solo existe, sino que emprende el camino —a veces más corto de lo que podríamos sospechar— para llegar a los diccionarios."[34]

[34] Alberto Gómez Font, Xosé Castro, Antonio Martín y Jorge de Buen. *199 recetas infalibles para expresarse bien*. España: Vox, 2015, p. 18.

El léxico es creación y recopilación. Se gesta en la lengua de los hablantes y se expande en las comunicaciones de la boca, la pluma y los teclados de todos. Pero no te limites a crear (enunciar) o a tu vocabulario ya aprendido; recopila, descubre y adopta palabras nuevas en tu vida, ese es el secreto de un léxico abundante: estar atento y asimilar las voces, expresiones de autores, colegas, amigos, familia, lo que te llama la atención en comunicados que lees, lo que escuchas en la calle, en los espacios que frecuentas, en tu entretenimiento... Presta atención a todas las palabras, pues no hay una que no sea valiosa; contar con un caudal léxico variado nos distingue y nos hace más operativos en el entorno lingüístico. Ser competitivo léxicamente es abrazar muchas más voces de las que dices con regularidad; así, el léxico es la ampliación de tu mundo oral y escrito.

Las palabras son las que ponen la música, cada vocablo es el acorde que entonará tus oraciones. ¿Quieres que tus lectores bailen y rían con tu mensaje o que haya solemnidad, tristeza o enfrentamiento? Selecciona una expresión y toca tu propio son con ella.

Además de rítmica, la redacción también es gozosa, y ese deleite viene de la relación afectiva que tenemos con nuestro léxico. Mamar es el primer acto que define a un hablante, porque mamamos la lengua. Entre las palabras y las sensaciones que nos provocan está el amor, justo ahí, en medio. La lengua materna es la primera que aprende un ser humano, de la que nos alimentamos para comunicarnos, marca la infancia y nuestra edificación temprana del entorno: según tu lengua materna construyes en español, en inglés, en chino...

El léxico es la vida misma, sin normas, sin restricciones, es lo que sale de nuestra memoria, de la realidad inmediata y de la boca de cualquiera. Las palabras de tu casa, de tu infancia, de tus amigos, de tus clases, de tus peleas, de tus llantos, de tus alegrías. Como bien dice Laura García Arroyo, "las palabras transmiten mensajes. Pero también comunican emociones; y para reconocer si son apasionadas, indiferentes, dolorosas, temibles, felices... hay que detenerse a observarlas".[35] Cada una viene con una historia bajo el brazo: cómo llegó a ti, cómo pasó de largo, por qué la prefieres, y ahí, sin duda, se gestan los sentimientos hacia tus voces.

Cuando era niña, las más novedosas para mí eran las que escuchaba en los honores a la bandera. En mi casa nadie decía: "Mas si osare no acabarse el pollo..."; sin saberlo, yo retaba a un enemigo imaginario e histórico cada lunes, y esa construcción, "Mas si osare", me llamaba, como un silbido que oyes en la calle y te obliga, inconscientemente, a voltear. De esta manera se inicia la recopilación de palabras, el primer paso es voltear para verlas.

En esos lunes de descubrimiento léxico cantaba "... como un sol entre céfiros y trinos...", pero no tenía ni idea de qué le pasaba ni al sol ni a la bandera, para mí era un drama total, no una celebración. Y de la solemne canción también se me metió a la cabeza el término *ciña*, pero no supe cómo utilizarlo hasta que llegó la clase del diccionario y fue en ese momento que le di significado. El segundo paso para la recopilación es la significación. Una vez que entiendes una palabra, la dominas e integras a tu léxico —no repites sin sentido, como yo hacía—, porque ya sabes qué significa y, consecuentemente, en qué contexto y oración insertarla. Cada palabra, bien observada, trae un aprendizaje, ese es el tercer paso.

Como seres comunicativos, somos ingeniosos y resolvemos. Para mí, ese superpoder radica en el léxico, porque es el acto más moldeable de la comunicación. Cuando no sabes u olvidaste el

---

[35] Laura García Arrollo. *Funderelele*. México: Destino, 2018, p. 5.

nombre de un objeto, ¿te detienes y anulas tu oración? ¡No! Lo resuelves, utilizas un **símil**, un sinónimo o te inventas algo. O tal vez sí conoces el término, pero quieres ser original, bromear o poner un tono más alegre con tu selección de palabras. Esa es mi parte favorita. Por ejemplo, en una clase de flamenco no entendí cómo finalizar un paso después de una serie de vueltas y, en mi afán por lograr la posición de nuevo, "me aventé", consciente del fuerte impacto que tendría: caí mal, no terminé en la posición correcta, sino más cerca del suelo, e hice lo que denominé un *kami-kazaso*. ¿Mi palabra derivada de *kamikaze* está registrada, es de uso común? No, pero la dije a mis compañeras: "Hice un *kamika-zaso*", y con ella comuniqué lo que experimenté en el sentón que me di debido a mi osadía. Con esa elección me estaba burlando de mí y ellas me acompañaron en la carcajada. Claro, ahora cuando a alguna le pasa ya podríamos decir que hizo un *kamikazaso*.

La corrección de la lengua, que merece y necesita de la norma, se rompe en el proceso de la creación del léxico, y me parece un equilibrio natural y necesario. Los nombres más comunes de los objetos son "el dese", "el este", "el coso este", "la cosa esa", "el cosito", "la madre esta"... y cuando de plano no nos sale y ya estamos molestos es "la chingadera esa". ¿No te sabes el nombre de un objeto o el significado de un término? ¡Qué más da!, nos comunicamos como sea. Y ante tal libertad, qué es lo que aporta competitividad: el criterio en el uso de tu léxico, pues el vocablo elegido puede o no ser adecuado en ciertas situaciones. "La chingadera esa" no es la expresión que te sugiero escribir en el correo a tu profesor o a tu jefe sobre el reporte que vas a entregar la próxima sesión de trabajo. ¿Te das cuenta de cómo con el léxico también hay que esforzarse cuando el entorno comunicativo lo requiere? De nuevo, es un tema de criterio, y entre más amplio sea tu vocabulario, más libertad de elección tendrás.

Cuando creamos léxico, las palabras nacen de los referentes —de los recuerdos, las enunciaciones de otros, los sonidos—, de otras palabras —**composición**, **derivación**, **préstamos**—, o de la invención de los hablantes que crean vocablos nuevos para identificar una realidad inmediata, inédita, cambiante. No aparecen por generación espontánea en los escritorios de los académicos, lingüistas o investigadores, salen de la boca de cualquier hablante. Tres casos: *mileurista*, *workcation* y *manteconcha*.

Mileurista se leyó por primera vez en 2005 en una carta que escribió Carolina Alguacil al editor del periódico *El País*. Ella inventó un término que define al joven español menor de 35 años bien preparado académicamente en un entorno muy competitivo, pero que no percibe un salario mayor a los mil euros. Carolina creó un vocablo que en su momento describía una nueva realidad en su país y entorno inmediato, sus compañeros de juventud.

Hace poco leí por primera vez la palabra *workcation*. Se crea de la unión de las palabras *work* (trabajo) y *vacation* (vacaciones). Las *workcations* son la falacia de estar de vacaciones cuando en realidad le dedicas tu tiempo de esparcimiento al trabajo, pero eso sí, te lavas el coco creyendo que estás pasando un momento afrodisíaco viendo el mar en el horizonte de tu computadora. Me sorprendí mucho cuando leí este término porque me hizo reflexionar sobre lo que yo hacía en ese instante: llevaba todo el puente escribiendo obsesivamente. Identificar en una palabra esa situación me hizo crear consciencia de mi realidad, había convertido un día feriado en laboral, me estaba engañando, así que cerré la computadora y salí a la calle a hacer lo que me tocaba en ese momento: disfrutar.

La *manteconcha* es la palabra que nombra a una de las más recientes invenciones culinarias mexicanas: un pan dulce individual hecho de dos tipos de pan, una base de mantecada con una cubierta de concha. Y del horno salió el término *manteconcha*, que posteriormente y como parte de la efervescencia de los panaderos por innovar derivó en la *cochiconcha*: el típico pan seco con forma de cerdito pero con cubierta de concha.

El *kamikazaso* resultó local, delimitado a un grupo muy reducido de hablantes, y posiblemente quien no estuvo presente en esa clase no entendería y menos replicaría la palabra, pero *mileurista* y *manteconcha* empezaron su incursión en el mundo a través de los periódicos y las redes sociales, el primero incluso tiene su propia entrada en la Fundéu y en Wikipedia, y a los diez años de su primera mención se escribió un reportaje especial sobre el término en el mismo diario, mientras que el segundo fue *trending topic* durante días (hasta que se acabó la novedad y apareció en las mesas mexicanas a la hora de la merienda la retadora *cochiconcha*).

Por su parte, llegó el verano y *workcations* se empleó tanto en las noticias que se redactó la nota que derramó el vaso y la Fundéu decidió que era tiempo de crear la poco coqueta pero literal adaptación al español: *trabacaciones*.

Todos estos casos son ejemplos cotidianos: léxico que se concibe entre amigos o colegas, palabras que se crean para definir una invención, otras que se amoldan o derivan de situaciones, sensaciones, de recientes acontecimientos; todas tienen pulso, los hablantes las respiran, las escupen, las comparten, y así llegan a otros mortales, primero a una cuenta de Twitter común y luego a la de la Academia. Lo dicho: crea y recopila, porque nuestro español es un placer.

Cómo incrementar tu léxico

El español está en el aire y podemos alimentarnos de él sin ningún obstáculo más que nuestra distracción. Repara en lo que escuchas y lees. Pero no se trata de cazar palabras e insertarlas sin ton ni son en las comunicaciones que hagamos. Para expresar con **precisión** tus ideas y usar correctamente las palabras, hay que entenderlas.

Entonces, ¿cómo incrementar tu léxico? Los siguientes recursos te ayudarán a poseer un vocabulario más abundante tanto en palabras y acepciones como en expresiones, lo que te posicionará como un redactor competitivo, porque vale más utilizar la palabra adecuada que enlistar muchas sin decir nada concreto o correcto: no hay que **cantinflear**.

Connotación y denotación. Toda palabra tiene dos tipos de significado:

1. Denotativo: objetivo y específico; es el significado que encuentras en el diccionario, que está definido y es común para todos los hablantes porque está abierto a su consulta.
2. Connotativo: expresivo y subjetivo; son significaciones que un hablante le da a las palabras. "Nace de la persona misma, en situaciones concretas que esta vive y en contextos variadísimos que un diccionario no podría registrar."[36] Por ejemplo: en un diente de león, su significado denotativo es una flor con características específicas como tipo de hojas, tamaño, color, que es parte de una familia de plantas... Mi significado connotativo de un diente de león es libertad, porque en mi imaginario, por mi historia de vida, encuentro a esa flor como un referente de liberación: mientras el tallo vive incrustado en la tierra, sus flores vuelan.

---

[36] Diana Guardiola. *Español para la comunicación eficaz 1: prácticas*. México, Trillas, 2010, p. 159.

¿Por qué es importante conocer esta distinción? Porque las palabras también se resignifican. Quiero que vislumbres que una misma situación, idea, mensaje, objeto, historia, tiene muchas maneras de enunciarse, que el léxico que conoces puede desdoblarse del significado objetivo que tiene a uno subjetivo y personal. Y merece la pena usar la imaginación para comunicar tus ideas.

Generalidades y personalización. Redactas un mensaje sin un destinatario específico, por ejemplo, un post en Facebook que habla de una campaña de separación de basura. Sin un usuario final y con la intención de que llegue al mayor número de lectores posible, es un comunicado abierto, se proporciona información del tema sin guiños que alguien no logre descifrar, porque los datos son generalizados.

A partir del **8 de julio,** tendremos que separar la basura en 4 categorías que serán recogidas en distintos días

Orgánicos
Residuos de alimentos sólidos y de jardinería

Inorgánicos y reciclables
Plásticos, PET, aluminio, vidrio, textiles, madera y cartón

Inorgánicos y no reciclables
Preservativos, papel higiénico, artículos de higiene personal, toallas sanitarias, pañales y unicel

Manejo especial y voluminoso
Electrodomésticos, cables, pilas, colchones, muebles y celulares

Hay un mensaje (es obligatorio separar la basura), un requerimiento (la fecha) y categorías (tipos de separación y días). Cuando creas un comunicado generalizado, también hay una selección de léxico: lo más neutro y extensivo posible.

Pero será diferente si se trata del evento de tu cumpleaños, por ejemplo. Hay una selección de personas y un código que los identifica, que puede verse reflejado en tu elección de palabras y, debido a ella, solo entenderán los interlocutores que compartan tu vocabulario y contexto.

Banda, el próximo viernes llego al tercer piso, y para celebrarlo vamos a darle al mezcal. Y, como dice el dicho: "Al mal tiempo darle prisa", así que vamos a empezar a celebrar que seré una década más viejo. Nos vemos en el bar de toda la vida, el que sobrevive detrás de la universidad.

INVITAR

Hay un mensaje (invitación a una celebración) y un público muy definido (quien no fue con el cumpleañero a esa universidad jamás llegará a la fiesta).

¿Por qué es importante conocer esta distinción? El uso del léxico es selección: conocemos muchas palabras y en cada comunicación elegimos unas cuantas. Tener claro que tu mensaje está dirigido a un grupo, a una persona, a conocidos o desconocidos, encaminará esa recopilación para que las voces que uses sean las más adecuadas según tu mensaje y tus interlocutores.

Sinónimos y antónimos. Ni los diccionarios conocen la totalidad de las palabras del español, y no hay manera de llegar a todas de forma directa, no puedes descargarlas en tu cabeza y ya. Pero sí puedes tejerlas. Los sinónimos —una palabra que significa lo mismo que otra— y antónimos —una palabra que significa lo contrario que otra— son referencias que te llevan de un término a otro, que se jalan una de otra hasta llegar a un significado, y en el camino de ese hilo que tejes o deshilas te encuentras con vocabulario nuevo. Dentro de una madeja hay tantas palabras como fibras puedas tirar de ella.

¿Por qué es importante conocer esta distinción? Lo primero es que son recursos para no ser repetitivo, un vicio común en la redacción [regresa al apartado "Vicios en la redacción es igual a desinformación y desinterés" del capítulo 3], pero también ayudan a entender significados —a veces una palabra ajena es más fácil de entender con un sinónimo— y nos dan más vocabulario, tanto en significados similares como en los contrarios. Además, son recursos muy fáciles de localizar, pues hay muchos diccionarios y páginas de consulta especializadas en sinónimos y antónimos.

◉ ◉ ◉

No hay frontera que no crucen las palabras. El español se construye de todas las variantes: el español de México, el de España, el de Colombia, el de Puerto Rico, el de Argentina, el de Guinea Ecuatorial... pero también de otras lenguas.

Los extranjerismos son préstamos lingüísticos, palabras o frases de otro idioma que incorporamos a nuestro léxico. Es un proceso imposible de frenar, y más en una época así de globalizada y con un acceso tan inmediato a contenidos de todas las lenguas y los hemisferios, pues la adopción de términos es tan natural como la comunicación, y eso incluye palabras en otros idiomas.

Los extranjerismos pueden ser adiciones necesarias, cuando no existe el término en español, "cuando nombran realidades hasta entonces ajenas a la lengua que adopta el préstamo",[37] define el escritor Juan Domingo Argüelles, o palabras elegidas, es decir, existe una equivalencia en español pero optamos por el préstamo.

En algunos casos —cada vez más— y dependiendo del nivel de asimilación del término en los hablantes o de su aparición en medios escritos de dominio público, como los diarios, por ejemplo, sucede que llega a oídos o a la bandeja de consulta de autoridades académicas y ahí se conciben las adaptaciones al español de la forma extranjera.

Algunas son muy transparentes y se adaptan principalmente en su ortografía y pronunciación, y por lo general es fácil relacionar el término original con la adaptación al español, como el caso de *Wi-Fi* y wifi. Otras son **calcos**, se imita la construcción de la palabra del otro idioma en español y da como resultado una traducción que copia del extranjerismo tanto la construcción como el significado, como *workcation* (*work-vacation*) y su adaptación *trabacaciones* (*trabajo-vacaciones*). Existen también las equivalencias o alternancias para sustituir extranjerismos, como *bibliotráiler* por *booktrailer*, y *para llevar* en vez de *take away*.

Como en todos los aspectos del español, existen las excepciones de los términos que no se adaptan ni tienen ortografía en este idioma, y en esos casos solo queda aplicar el término en la lengua extranjera con su propia ortografía y el destacado. Y una tripartita:

---

[37] Juan Domingo Argüelles. *Las malas lenguas. Barbarismos, desbarres, palabros, redundancias, sinsentidos y demás barbaridades.* México: Océano, 2018, p. 12.

cuando existen el uso de extranjerismo en el idioma, una equivalencia en español y también una adaptación, por ejemplo: *stand, estand* (equivalencia en español) y *caseta* o *puesto* (adaptación).

De una lengua a otra, en cualquier idioma, los extranjerismos enriquecen, porque también son vocabulario que se mueve por el mundo. Existen posturas que apuestan por las equivalencias y niegan fervientemente el uso de extranjerismos hasta considerarlos una exageración, una actitud ridícula o mero postureo, incluso esnobismo, porque ¿cómo no voy a saber yo aquellas palabras y comunicarme con ellas? Otros los consideran términos más certeros o incluso apuestan por ellos como economía de lenguaje (*app, aplicación; copyright, derechos de autor; prime time, horario de máxima audiencia*); y otros más ni siquiera los cuestionan.

¿Mi postura? Que se utilice lo que se quiera mientras el hablante entienda el significado correcto de los vocablos y plantee una lógica en su uso. En principio, cuando se trata de la alternativa de una palabra que existe en español, es recomendable optar por el término nativo y no por el extranjerismo, aunque no es una imposición. Utilizar o no palabras extranjeras, demasiadas o pocas, ajenas a tu vocabulario cotidiano en el trabajo, en la escuela o tu ambiente inmediato, es cuestión de criterio. Si en un comunicado te decantas por un extranjerismo, no es recomendable alternarlo con su equivalencia al español, porque generará confusión y saldrá a la luz lo obvio: que no has sido capaz de tomar una decisión.

Un punto de partida es preguntarse si el extranjerismo es o no necesario.

Por ejemplo, hay industrias en las que los extranjerismos son tan comunes a sus participantes, como en la moda, en el comercio electrónico, en tecnología y redes, que a veces optar por adaptaciones podría ser equívoco, ya que los extranjerismos suelen estar tan integrados a las conversaciones y son conceptos tan comunes a la mayoría que las equivalencias o adaptaciones no son bien aceptadas.

Pero eso sí, en cualquier caso, hay un límite. Recuerda: te comunicas en español.

La opción que prefieras merece respeto. Así como la corrección en español es indispensable, también deberás cuidar las formas extranjeras según su propia ortografía, además de aplicar la norma inamovible en la escritura de extranjerismos: destacarse con cursivas o en redondas y entrecomilladas. Estas alteraciones tipográficas indican que se trata de una palabra ajena a nuestra lengua y debe ser reconocida y pronunciada como tal.

El *trending topic* de la semana fue #ImaginemosCosasChingonas.
El "trending topic" de la semana fue #ImaginemosCosasChingonas.
El tema destacado de la semana fue #ImaginemosCosasChingonas.

Utilizo este ejemplo porque de la forma original extranjera a la adaptación en español hay casos en los que la segunda opción, aunque es correcta en su equivalencia, no es inmediatamente reconocida debido a que la primera forma está muy establecida entre los hablantes. Son los menos pero existen, como con "El tema destacado de la semana fue #ImaginemosCosasChingonas", en donde "tema destacado" podría considerarse para otros contextos antes de pensar en redes sociales, aunque la aparición de una etiqueta lo perfila en el marco de estas redes. ¿Recuerdas el criterio para optar por *selfie* o selfi en el apartado "Sé autosuficiente en tus redacciones. Cómo resolver tus propias dudas" [retrocede al capítulo 2]. Elegir una palabra u otra con base en un criterio es la manera de no generar errores.

○ ○ ○

Las palabras tienen pulso, latidos, vida, la del hablante incluso. Ya lo he dicho, nuestra construcción como hablantes nos forma como individuos y como comunidad; el vocabulario que poseemos nos erige, da posibilidades e identifica en las comunicaciones orales y escritas. Por eso es tan importante hacernos con nuestras palabras.

José Moreno de Alba reconoce: "No debe olvidarse, ante todo, que son solo los hablantes los reguladores de la lengua."[38] Y así, cada quien baila al son de las que se sabe, crea y recopila, y con ellas genera sus propias posibilidades de comunicación. Es un proceso natural, inalienable, transmitimos según nombramos, entendemos y abordamos el mundo. Pero en la libertad, como las flores del diente de león, que significa la construcción de nuestro propio léxico, también hay que considerar escribir como queremos, que otros entiendan nuestro mundo y bailen nuestra música.

[38] José G. Moreno de Alba. *Suma de minucias del lenguaje*. México: Fondo de Cultura Económica, 2004, p. 467.

Capítulo 5

La corrección: algunos errores comunes a evitar. Una introducción a la ortografía

La corrección es lo que le concede a un texto la cualidad de estar correcto y destaca por ello. También, es la enmienda de lo errado, es corregir, mejorar lo escrito. Asimismo, como ya sabes, es uno de los cuatro elementos que considero la base de la escritura competitiva —adecuación, entorno comunicativo, corrección y revisión—.

Es importante destacar que la corrección es trascendental en un texto competitivo, pues refleja que dominas tu lengua y has logrado una redacción adecuada y acertada; es igual a calidad en un escrito. Sofía Rodríguez comenta al respecto: "Las publicaciones de libros, revistas, diarios, incluso la de los muchos tipos de textos digitales que existen, exigen un mínimo de cuidado que garantice al lector que está recibiendo no solo un escrito con la ortografía adecuada y los párrafos bien estructurados, sino también con sentido completo."[39]

---

[39] Sofía Rodríguez. *Manual de corrección de textos. Técnicas, consejos y apuntes de clase*. Perú: Fondo Editorial Escuela de Edición de Lima, 2017, p. 50.

Asimismo, la corrección contempla niveles ortográficos, gramaticales, sintácticos, léxicos, de uso y normas del español; en este capítulo me concentro solamente en el primero, debido a que considero que abarca reglas, términos, casos y dudas más cercanos a un amplio público, por ello me parece un buen primer acercamiento.

Cuando se trata de documentos delicados o extensos, aquellos que serán publicados para un amplio público, de divulgación, escritos cuyo contenido sea trascendental para tu labor o redacciones que involucren a más de un autor, es recomendable contar con los ojos de revisores expertos o cercanos al tema desarrollado y recomiendo su retroalimentación antes de publicar. Considera también a los especialistas: los correctores de estilo o asesores lingüísticos, que entran en el plano de la revisión a nivel profesional, pero repara que involucrarlos en la corrección de tus textos requiere de tiempo y logística.

Casos contrarios son las situaciones comunicativas inmediatas, los mensajes cuyos contenidos y estructuras suelen ser comunes y que, por ende, ya se controlan, los textos que se producen en cadena, las publicaciones en redes sociales o en chats, circunstancias en las que la corrección la hace el propio redactor, pues la intervención de un externo no es factible, lógica ni aprovechable. Para esos escenarios, digamos el cotidiano de la redacción, apóyate en la sección de autocorrección [regresa al apartado "Sé autosuficiente en tus redacciones. Cómo resolver tus propias dudas" del capítulo 2].

En cualquier tipo de texto, la corrección es fundamental, porque los errores son distractores muy ruidosos. No queremos que una falta de ortografía despiste a tu lector del planteamiento tan conciso y bien argumentado que le estás contando. Afirma la OLE: "La correcta escritura, el buen uso del léxico y el dominio de las reglas gramaticales constituyen los tres grandes ámbitos que regulan la norma de una lengua."[40]

Ya has superado los anteriores capítulos de este tomo, y ahora tienes más información sobre el léxico del español y cómo incrementar tu propio vocabulario; también identificas la importancia de la corrección en tu redacción. Ahora estás listo para la **normativa**. Su función es regular —lo polémico, lo establecido, lo escrito, lo dicho— con base en criterios lingüísticos y de uso lo que se considera correcto en la lengua.

Es una especialidad que abarca miles de páginas de las academias del español de todo el mundo y de los lexicógrafos, lingüistas, especialistas, estudiosos y autores dedicados a desentrañar la ortografía y la gramática de nuestro idioma. En su descripción destacan su terminología, la mayoría de las veces compleja para un público general o no especializado, conceptos con los que debemos estar familiarizados para leer sus explicaciones. Para los no versados, no debe visualizarse como imposible o ajena, sino como la línea de partida. No somos académicos ni lingüistas, mejor aún, somos los usuarios de la lengua, es nuestra herramienta de transmisión en prácticamente la totalidad de los ámbitos en los que nos desarrollamos, la escritura de todos los días, con dedo en tecla o pluma en mano... ¿Cómo no vamos a volvernos expertos en su uso —aunque no lleguemos a dominar la totalidad de la normativa— si es una actividad tan propia, inmediata, personal, colectiva, complementaria de nuestra comunicación? Lo único que hace falta es prestar más atención a lo que leemos y cómo escribimos.

Para ser competitivos en la corrección hay que realizar un esfuerzo consciente de estandarización del español. La norma es

---

[40] RAE, ASALE. *Ortografía de la lengua española (OLE)*, 1.ª reimpresión en México. España: RAE, ASALE, 2011, p. XXXVII.

también la repetición del término, la frase y la expresión correctos. El aprendizaje radica en la consulta de diccionarios y manuales, de foros, documentación, recursos en línea especializados; en la aplicación de las reglas ortográficas que ya conoces; en la comparación de todo lo escrito para encontrar el canon, el uso común de cada palabra o expresión —pero el uso correcto, no vayas a caer en la reproducción de erratas—. Fíjate especialmente en las autoridades y tus referentes, porque la buena ortografía se calca.

Considero la normativa como una ventaja, porque aporta pautas para solventar gran parte de tu redacción, en principio, con estudiar la regla basta para resolver diversas dudas. En los casos más complejos podría no resolverse directamente tu cuestionamiento. Y entonces el siguiente paso es investigar más y comparar ejemplos y referentes. Eso sí, el español brilla por sus excepciones, así que cuando estudies una norma, no olvides revisar si por ahí hay alguna.

El canon ortográfico no está más allá de la luna. Además de los cuantiosos diccionarios de todo tipo, ya existen manuales que abordan dudas específicas y en un tono y lenguaje accesibles. Son muy buenos complementos de repaso o resolución, ya que no tenemos que ponernos muy finos con la ortografía, al contrario, es de uso rudo, puesto que es la palpitación de tu texto: una severa incorrección en tu comunicado podría matarlo, mientras la corrección le brinda salud.

Así como la hoja en blanco no muerde, tampoco las reglas, solo hay que saber por dónde abordarlas, razón de existir de este capítulo. Desarrollo diferentes aspectos de la normativa ortográfica y algunos de sus casos. Impensable abarcarlos en un solo libro, incongruente creer que una sección resolverá todo cuestionamiento de la ortografía del español; este apartado es apenas una introducción, una selección de temas basada en la comparación de las dudas más frecuentes en libros especializados y páginas de consulta, y otras más que personalmente me parecen imprescindibles para un nivel competitivo de redacción. Los temas que propongo son una propuesta de familiarización con la normativa del español, tu línea de arranque. Es también una postura de que la aplicación de la ortografía puede ser mucho más sencilla de lo que imaginabas.

Asimismo, estas páginas funcionan como una herramienta ante vacilaciones al redactar, que espero se refleje en la corrección de tus textos. Nada de lo que enlisto me parece básico y, a la vez, son temas indispensables para comprender otros tipos de razonamientos normativos. Cierro con dos aspectos de la lengua que me parecen clave: no hay dudas básicas y todas complementan el aprendizaje, y la actualización depende principalmente de ti.

En el capítulo 7 hay algunas recomendaciones de libros y recursos en línea para que cuentes con referentes de consulta cuando te asalte una duda.

Ortografía

La tilde. Es un signo ortográfico (´) llamado también acento gráfico u ortográfico, porque se distingue del **acento prosódico**.

PROLONGACIÓN DE UNA SÍLABA CON TILDE
Cuando la intención es enfatizar, la sílaba con tilde se repite en todas sus menciones.

Ejemplo
Síííííí.
¿Quéééééé?, ¡¿que cuesta cuáááánto?!

LA CONJUNCIÓN O ENTRE NÚMEROS NO SE ACENTÚA
En la *Ortografía de la lengua española* (OLE) de 2010, la reforma ortográfica más reciente, se descarta por completo tildar la letra o para distinguir la letra del número cero.

Ejemplo

Necesito 15 o 16 ejemplares.

TI NO LLEVA TILDE

Bajo ninguna circunstancia, el pronombre *ti* se tilda. No hay más que decir.

TILDE DIACRÍTICA

Diferencia palabras que se escriben igual, pero significan distinto.

TILDE DIACRÍTICA EN PALABRAS MONOSÍLABAS		
Mí (pronombre personal)	Mi (adjetivo posesivo)	Ejemplo. Mi nueva composición es un regalo de mí para ti.
Él (pronombre personal)	El (artículo)	Ejemplo. El encabezado siempre lo escribe él.
Tú (pronombre personal)	Tu (adjetivo posesivo)	Ejemplo. ¿Tú crees que con tu disculpa es suficiente?
Té (sustantivo)	Te (pronombre personal)	Ejemplo. ¿Te pongo una o dos cucharadas de azúcar en tu té?
Sí (pronombre personal, adverbio de afirmación)	Si (conjunción condicional)	Ejemplo. Se dijo: "Sí me interesa el curso, pero dudo si soy capaz de aprobarlo." Siempre duda de sí.
Dé (forma del verbo dar)	De (preposición)	Ejemplo. Que le dé forma al barro no lo convierte en un escultor de academia.

Sé (forma de los verbos saber y ser)	Se (pronombre impersonal)	Ejemplo. No sé a qué hora llegaron, pero seguro se divirtieron.
Más (adverbio de cantidad)	Mas (conjunción equivalente a *pero*)	Ejemplo. Quiero más crédito, mas mi sueldo es insuficiente para que me consideren en el banco.

TILDE DIACRÍTICA EN INTERROGATIVAS Y EXCLAMATIVAS

cuándo / cuando
Se refieren a tiempo.
Ejemplo. Cuando puedas dime cuándo vas a llegar.

cuánto / cuanto
Se refieren a cantidades y medidas.
Ejemplo. ¿Cuánto cuesta el reloj? En cuanto pueda lo compro.

cuán / cuan
Se refieren a cantidades y medidas.
Ejemplo. Cuán grave es que me mientas.

cómo / como
Se refieren a maneras.
Ejemplo. Cómo no te voy a querer si eres como una hermana para mí.

dónde/donde/adónde/adonde/a dónde/a dónde
Se refiere a lugares.
Ejemplo. ¿Dónde está el auto? Pues donde siempre lo estacionas.
¿Adónde vamos? A donde solemos comer los domingos.

qué / que
Se refieren a cosas, personas.
Ejemplo. ¿Qué quieres que te diga?

cuál / cual
Se refieren a cosas, personas, cantidades o medidas.
Ejemplo. ¿Cuál prefieres? Cada cual sus gustos.

quién / quien
Se refiere a personas.
Ejemplo. ¿Quién es el chico de quien tanto me has hablado?

Además de las categorías en las que anteriormente coloqué las palabras *cuándo, cuando; cuánto, cuanto; cuán, cuan; cómo, como; dónde, donde, adónde, adonde, a dónde, a dónde; qué, que; cuál, cual; quién, quien*; puedes distinguir el uso o no de la tilde diacrítica según las siguientes reglas:

1. Si la oración implica una interrogante o exclamación que deba resolverse. Con tilde: *cuándo* pasó, *cuánto* quieres, *cuán* ruin, *cómo* estás, *dónde* estás, *qué* deseas, *cuál* prefieres, *quién* llegó.
2. Según el sentido que se quiere expresar en la oración:
   Cuándo pasó el terremoto. (Se pregunta en qué momento con exactitud sucedió el movimiento telúrico).
   Estábamos en casa *cuando* pasó el terremoto. (Indica el lugar en el que se encontraban en el momento del temblor).
   Cuánto pretendes ganar en tu nuevo empleo. (No se sabe la cantidad y se pregunta por ella).
   Por tu experiencia, *cuanto* pretendes ganar en tu nuevo empleo será factible. (Se conoce ya la cantidad y no se cuestiona).

Los pronombres diacríticos se aplican en oraciones directas o indirectas.

DIRECTAS		
Acompañadas de los signos de interrogación (¿?) y exclamación (¡!).	La construcción es una pregunta o una exclamación.	Ejemplo. ¿Cómo haces para controlar la ansiedad en el trabajo?
Sin signos.	Introducen preguntas retóricas o títulos.	Ejemplo. Cómo controlar la ansiedad en el trabajo.

INDIRECTAS		
No se acompañan de los signos de interrogación (¿?) y exclamación (¡!).	Son parte de una oración que no es ni interrogativa directa ni exclamativa directa, pero busca resolver una interrogante o hacer una exaltación en la oración. Aunque no se coloca entre signos, existe una incógnita o incertidumbre, por eso hay una pregunta o una exclamación implícitas en la palabra con tilde.	Ejemplo. Quisiera saber cómo es que siempre se ve tan relajada en la oficina.

¿SE TILDAN O NO, *SOLO* Y LOS PRONOMBRES DEMOSTRATIVOS (ESTE, ESE, AQUEL)?

La Academia puede confundirnos, y este es tal vez el caso que más ha inquietado, desorientado y hasta molestado a lectores y redactores: que sí, que mejor no, que sí pero mejor no, que quien quiera tilde y quien no quiera no lo haga. En su momento, la Academia propuso que los diacríticos para *solo* y los demostrativos *éste*, *ése*, *aquél* aplican para evitar los casos de ambigüedad, aunque me parece que es en el caso de *solo* en el que es factible que haya ambigüedad, como en el siguiente ejemplo.

Solo/solo (adverbio): solamente, únicamente. Ejemplo. Viene solo los jueves. (¿Viene sin compañía o únicamente un día?). Viene solo los jueves, porque el viernes trabaja desde casa.	Solo (adjetivo): sin compañía. Viene solo los jueves. (Nadie más lo acompaña).

Sin embargo, en la OLE de 2010 se lee que aunque es válido tildarlos, no lo aconseja porque, en realidad, esa doble interpretación puede resolverse según el contexto de la oración o modificándola para salvarla de la interpretación.

Pero resulta que la tilde, en especial en América, aún es de uso mayoritario, por lo que toca lo que ya sabes: criterio. Si decides aplicar la diacrítica, entonces que sea homogéneamente en todos los casos, de lo contrario, opta por la recomendación de la Academia: hazte la vida más fácil y olvídate de esa tilde.

Eso sí, te aconsejo que estés preparado para explicar, validar tu criterio y frenar a los curiosos sobre por qué no acentúas ni el adverbio *solo* ni los demostrativos.

EN ADVERBIO EN –MENTE

Este tipo de adverbio es la unión de un adjetivo (ágil) y el elemento compositivo -mente (ágilmente). Si lleva tilde el adjetivo, entonces el adverbio también; esto quiere decir que se respeta la base del adverbio con su ortografía y se le agrega la terminación *-mente*.

Ejemplo. Tímido, tímidamente
Rápido, rápidamente

Sucede lo mismo a la inversa, si el adjetivo no lleva tilde, tampoco el adverbio.

Ejemplo. Tranquila, tranquilamente

Breve, brevemente

Símbolos

Son representaciones gráficas construidas por letras, signos y números. Representan conceptos científicos y técnicos, como las unidades de medida, los elementos químicos, los operaciones y conceptos matemáticos, los puntos cardinales y las monedas.

No son abreviaturas, sino vocablos cuya construcción no varía bajo ninguna circunstancia, así que cuando quieras utilizar o dudes sobre la construcción de un símbolo, consulta el listado en línea del DLE, del DPD [ambos están en el capítulo "Recursos"] o en la OLE. No te dejes llevar por los que encuentras por ahí en internet, porque hay muchas invenciones incorrectas, incluso extrañas.

Sus normas generales son las siguientes:

- No llevan punto: *g*, *min*, *He*.
- Se escriben sin tilde.
- En general, el símbolo se escribe con minúscula, pero hay algunos casos en los que aplican tanto las minúsculas como las mayúsculas: *NW* (noroeste), *Gn* (Génesis).
- En cantidades, el símbolo se emplea solo si se expresa en número (*25 min*), de lo contrario, se escribe la palabra (*veinticinco minutos*).
- Se coloca un espacio entre el número y el símbolo: *36 m* (36 metros). En el caso de las **voladitas** no hay espacio: *36°* (36 grados).
- No tienen variación en plural: *5 g* (cinco gramos).
- Las monedas tienen un símbolo alfabetizable —que consta de letras— y otro no alfabetizable, que en ningún caso se

combinan: es un error escribir *€100 EUR; €100* o *100 EUR* es lo correcto. En América es más común utilizar el símbolo no alfabetizable antes del número y sin espacio (*$100*) y el alfabetizable después y con espacio (*100 EUR*).

Siglas

No se construyen como una abreviatura (eliminando elementos del vocablo para reducirla a lo mínimo posible), sino de las letras iniciales de palabras u expresiones. Como con las abreviaturas, no es recomendable sustituir todas las palabras por sus siglas, limítalas para ahorrar tiempo, espacio en tu línea o como un sinónimo si repites en varias ocasiones el término.

Sus normas generales son las siguientes:

- Se forman por letras (*ONG*), números (*G8*) y signos (*I+D*).
- Se escriben sin tilde.
- No tienen variación en plural: *15 CD, las ONG*.
- Se escriben en **versalitas** o en mayúsculas, dependiendo el tipo de texto, pero nunca en minúsculas.
- Las siglas de títulos llevan cursivas: *Diccionario panhispánico de dudas*, DPD.
- Considera que no todas las siglas son ampliamente conocidas, por lo que es conveniente utilizar primero la expresión completa y en la siguiente mención su sigla, o acompañar la expresión de su sigla; con esto evitarás confusiones o desinformación.

Ejemplo

Según el Fondo Monetario Internacional (FMI), la economía mundial se estabilizará. Aunque las indicaciones del FMI son alentadoras, no son seguras, solamente disuasivas.

Ejemplo

Según el FMI (Fondo Monetario Internacional), la economía mundial se estabilizará.

- En algunos casos, las siglas cuya pronunciación forma una palabra (*SIDA*, *UNICEF*) o se deletrean (*CD*) evolucionaron: se lexicalizaron y se convirtieron en acrónimos (*cedé, sida, Unicef*) y en estos casos se aplican las normas ortográficas generales.

Abreviaturas

Es la representación gráfica reducida de una palabra. No son símbolos, por lo que es importante distinguirlos de estos para no fallar en la ortografía. Para evitar confusión o incorrección en su redacción, también te recomiendo el listado del DPD en línea o en la OLE, y lo mismo: no te dejes llevar por las que encuentras en internet, consulta a las autoridades en cada caso. En un texto no puedes sustituir todas las palabras por sus abreviaturas, sé crítico en su empleo —cuando se necesita ahorrar tiempo en la redacción o espacio es un criterio aceptable, por ejemplo—, así que piensa dos veces antes de que lluevan abreviaturas en tus comunicados. Lo mismo cuando quieras utilizar o dudes sobre la construcción de un símbolo, consulta el listado del DPD.

Sus normas generales son las siguientes:

- Llevan punto (*a. de C., depto.*) o barra (*s/f*).
- Se escriben con tilde si la sílaba que la lleva es parte de la abreviatura: *pág.*
- Sí tienen plural y este se construye de dos maneras, se añade una *s* (*página: pág.; páginas: págs.*) o se duplica la letra (*RR. HH., pp.*).

- Si se compone de más de un elemento, se deja un espacio entre estos: *EE. UU.*
- Se escriben con minúscula y mayúscula, dependiendo de su construcción.
- Si una voladita es parte de la abreviatura, se coloca un punto antes, sin espacio: *n.º, M.ª, D.ª*.
- Tienen femenino cuando la palabra corresponde a este género. Se distingue agregando la letra *a* (*Excmo., Excma.*) o una voladita (*Sr.ª*).
- Algunas palabras tienen más de una abreviatura, por ejemplo: *n.º; nro.; Sra., Sr.ª, S.ª*.

Casos de escritura dudosa

El español es vasto, está colmado de normas y casi siempre nos sorprenden las excepciones a las reglas que nos enseñaron en la escuela; en nuestro idioma hay tantas posibilidades como hablantes enuncian, contamos con innumerables registros, corpus, diccionarios, manuales generales y de especialidades que se han hecho, reformado y perfeccionado a lo largo de los siglos. Una misma palabra puede tener más de una opción correcta de escritura, cada día se incorporan al léxico nuevos vocablos, extranjerismos y sus adaptaciones; actualmente es muy alta la ola de las opiniones en redes sobre "cómo se dice qué", con algunas personas menos capacitadas que otras resolviendo dudas o creando blogs sobre lengua por ahí. La masividad de la producción en internet y de las autopublicaciones, así como de los mensajes inmediatos como posts, tuits y **wasaps**, ponen al alcance de los ojos de cualquiera escritos con muchas invenciones del idioma. ¿¡Cómo no vamos a confundirnos entre tanta información!?

Como hablante y escritor, es fácil perderse, y hay casos muy comunes, como los que explico a continuación:

- Prefijos convenencieros. El prefijo se antepone y se escribe unido a la palabra (base léxica) que acompaña y resignifica. Más adelante detallaré las normas generales de los prefijos; aquí menciono dos particulares:
  - *pos-/post-*: a menos de que la palabra que va después del prefijo inicie con *s*, se recomienda el uso de *pos-*: *posmodernidad, postsurrealismo.*
  - *tras-/trans-*: las palabras que se escriben con *trans-* tienen como variante escribirse con *tras-*. Pero hay algunas que se escriben exclusivamente con el prefijo *tras-*, y es ahí donde hay que prestar más atención. Por su parte, cuando la palabra que se une con el prefijo inicia con *s*, se escribe *trans-* sin repetición de la consonante: *transexual.*
- Sino/si no.

SINO	SI NO
Se escribe en una sola palabra. Es una conjunción, contrapone conceptos o situaciones: *no* esto, *sino* aquello: Ejemplo. El helado no es de cereza, *sino* de frambuesa. Es también un sustantivo que significa "destino": Ejemplo. Por más que lo intentas no llegas a tiempo, parece tu *sino* perder puntos por inasistencia.	Se escribe en dos palabras. Introduce una condición: *si* esto, (entonces) *no* aquello. Ejemplo. *Si no* me dices la verdad, no te perdonaré.

- Asimismo/así mismo/a sí mismo.

ASIMISMO	ASÍ MISMO	A SÍ MISMO
Equivale a *también, además*. Ejemplo. *Asimismo*, se remodelará la sala de juntas en las próximas obras.	Equivale a *de esa manera, de la misma forma* y *también*, pero para el segundo caso se prefiere la forma *asimismo*. Ejemplo. Lo quiero *así mismo*, como la última vez.	Equivale a *uno mismo*. Ejemplo. Cuando se mira *a sí mismo* en el espejo, no le gustan las arrugas que ya aparecen en su piel.

- Conque/con que/con qué.

CONQUE	CON QUE	CON QUÉ
Se escribe en una palabra. Es una conjunción consecutiva, equivale a *así que, por lo tanto, por consiguiente*. Ejemplo. No tengo suficiente dinero, *conque* no podré comprarlo hoy. Introduce una oración exclamativa o interrogativa para emitir sorpresa o reprobación. Ejemplo. ¡*Conque* no te gusta lo que preparé!	Se escribe en dos palabras. Aquí, "que" funciona como relativo y como conjunción; para distinguir su uso, *con que* en el primer caso pude intercalar los artículos. Ejemplo. Me interesa el panel *con* (el) *que* abrirá el seminario.	Se escribe en dos palabras y con tilde en el interrogativo y exclamativo "qué". Las oraciones pueden ser interrogativas y exclamativas directas o indirectas, es decir, acompañarse o no de los signos. Ejemplo. ¿*Con qué* derecho me pides más dinero?

- Aún/aun.

AÚN	AUN
Equivale a *todavía*. Ejemplo. *Aún* no estoy lista para la prueba.	Equivale a *incluso, hasta, también*. Ejemplo. No puedo creer que aprobé *aun* (incluso) con tantas faltas. Ejemplo. Le gustan todos los animales, *aun* [también, hasta] los insectos.

- Porqué/por qué/porque/por que.

PORQUÉ	POR QUÉ	PORQUE	POR QUE
Se escribe en una palabra y con tilde. Equivale a *motivo*, *causa, razón*. Cuando dudes, sustituye en tu oración la palabra "porqué" por alguna de sus equivalencias: Ejemplo. No hay ni un *porqué* [motivo] de su despido. Su plural es "porqués".	Se escribe en dos palabras y con tilde en el interrogativo y exclamativo "qué". Introduce oraciones interrogativas y exclamativas (con o sin signos). Cuando vayas a hacer una pregunta, no te equivoques, siempre empezarás la oración con signo de interrogación. Ejemplo. "¿Por qué...?" No tiene plural.	Se escribe en una palabra y sin tilde. Conjunción causal, introduce el motivo o la causa de lo expresado. Ejemplo. No vino *porque* está enfermo. Cuando se trata de una finalidad, equivale a *para que*.	Se escribe en dos palabras y sin tilde. El relativo "que" puede sustituirse por "el que, la que, los que, las que". Ejemplo. El verdadero motivo *por* (el) *que* lo despidieron es que nunca llegó temprano, ¡ni un solo día!

- Adonde/a donde/donde.

ADONDE/A DONDE
Se utilizan indistintamente. El error que podría cometerse sería escribir en un mismo texto ambas palabras, con lo que no habría unificación de criterio.

ADONDE/A DONDE/DONDE
Cuando se refiere a dirección o destino, se utilizan indistintamente. Se identifica cuando hay un verbo de dirección en la oración.

DONDE
Se usa cuando el verbo de la oración no es de dirección.

- Deber/deber de.

DEBER	DEBER DE
Expresa obligación.	Expresa posibilidad.

- Alternancias. Son las varias posibilidades correctas de escribir un mismo término o concepto, conque la elección depende del criterio, estilo o uso recurrente; por ejemplo, en distintas regiones de Hispanoamérica suelen usarse una u otra alternancia según la pronunciación del lugar.
  - Palabras con doble acentuación: béisbol/beisbol; fútbol /futbol; élite/elite; vídeo/video; chófer/chofer; cóctel/ coctel.
  - Extranjerismo y su adaptación: *ballet*/ balé; *ferry*/ferri; *rally*/rali; *blues*/ blus; *blue jeans*/bluyíns.
  - Variación de grafías: yodo/iodo; marihuana/mariguana; obscuro/oscuro; cebice/ceviche/seviche/sebiche.
  - Variaciones de plural: colibrís/colibríes; maniquís/ maniquíes.

— Palabra compuesta o **pluriverbal**: medioambiente/ medio ambiente.

- Locuciones latinas. Son expresiones consideradas también extranjerismos, por lo que siempre se le aplican cursivas o redondas entrecomilladas. Tienen un alto grado de recurrencia en el error, tanto por la confusión de su significado como de sus grafías. Su uso es más común en el ámbito académico, investigación —por el sistema de citación latina [date un brinco al glosario para ver una selección de estas]— y algunas especialidades, como la jurídica, aunque recurrentemente se emplean los siguientes.

a posteriori	lo que viene después, a posteridad
a priori	de lo anterior
ad hoc	a propósito, para esto
alter ego	otro yo
alma mater (la *alma mater*)	"madre nutricia" (hace referencia a la universidad)
cum laude	con alabanza
curriculum vitae	currículum o currículo
de facto	de hecho
ex abrupto	inesperada, abruptamente
grosso modo	aproximadamente, a grandes rasgos
in extremis	en el último momento
in memoriam	en memoria, en recuerdo
in situ	en el lugar, en el sitio
motu propio	por propia iniciativa
post mortem	después de la muerte
rigor mortis	rigidez cadavérica
statu quo (el *statu quo*, los *statu quo*)	estado de un asunto
vox populi	la voz del pueblo

Palabras con prefijo

Se forma por una base léxica, que puede ser una (univerbal) o más palabras (pluriverbal) más el prefijo. Los prefijos no se escriben solos, pues no significan nada sin otra palabra, excepto el caso de "ex":

Ejemplo
Me habló mi ex y no contesté.

A continuación, las normas a seguir para su construcción:

1. Pegados a la palabra. La base léxica es univerbal.
   Ejemplo
   Superespía, coedición, incómodo, subbloque, proaborto, plurinacional.
2. Separados de la palabra. La base léxica es pluriverbal.
   Ejemplo
   vice primer ministro de cultura, pre Guerra Fría, anti prueba nuclear.
3. Unidos a la palabra por un guion. Se utiliza un guion cuando la base léxica es univerbal e inicia con mayúscula o es un número.
   Ejemplo
   Sub-17, pre-2000, pro-Castro, mini-USB
   Asimismo, para expresar el sentido literal del prefijo o intensificar su intención:
   Ejemplo
   re-leer (que quede claro que ya se había leído y se repetirá la misma acción).
4. Cuando es univerbal, se aplican las normas de acentuación.
   Ejemplo
   Sobreuso, balonpié, cortauñas.

5. Univerbal unido a un extranjerismo. Se pegan el prefijo y la base léxica, se respeta la ortografía del extranjerismo, pero se escribe en redondas la palabra compuesta:

Ejemplo

superheavy, megadeath, antihooligan.

Mayúsculas y minúsculas

También llamadas "altas" y "bajas". Sus normas son muy claras, así que no son correctas ni la mayusculitis ni la minisculitis en tus comunicaciones. Aquí las más básicas con algunos ejemplos en cada caso:

MAYÚSCULA	MINÚSCULA	EXCEPCIÓN
Nombres propios de personas y lugares: Elena, México.	Cuando el nombre propio se utiliza como común para designar a una persona según la característica principal: Mi prima fue mi celestina con mi novio. Antes era un donjuán, pero ahora estamos comprometidos.	
Apellidos: López, Bazán.		
Personajes de ficción: el Quijote, Peter Parker.		
Deidades religiosas: Alá, Dios, Jehová, Quetzalcóatl.	Cuando se emplea como nombre común, genérico: dios.	
Como entidad institucional: la Iglesia católica, el Estado.	Nombres de las religiones: catolicismo, islam, judaísmo.	

Libros sagrados: la Biblia, el Corán, la Torá, el Libro de los Muertos.		Se escriben en redonda, no en cursiva como el resto de los títulos de libros.
Nombres propios de animales y plantas: Pepper, Cora (así se llaman mis perros).	Especies de animales y plantas: el lobo mexicano, el roble.	
	Razas de animales.	
Establecimientos comerciales, culturales y recreativos: Hotel Ritz Plaza Norte, Microteatro, Cine Teresa.	Si la palabra que lo define no es parte del nombre, va en bajas: hotel Ritz Plaza Norte.	
Marcas registradas: Twitter.	Adaptaciones de marcas que se usan como genéricos: clínex (la marca registrada es Kleenex y se usa clínex para designar a cualquier pañuelo).	La marca registrada no tiene plural: Compraré seis cajas de Aspirina.
	Gentilicios: chiapaneco, mexicano, español.	
Familias y dinastías: la dinastía Ming, los Kennedy.	Linajes: nazarí.	
	Notas musicales: do, re, mi, fa, sol, la.	
Los sustantivos genéricos en nombres geográficos van en alta si forman parte del nombre propio: Cabo Verde, Río de la Plata.	De lo contrario, se escriben en minúsculas: mar de Cortés, golfo de México, océano Pacífico, cordillera de los Andes.	

Áreas geopolíticas: Latinoamérica, Oriente Medio.	.	
Artículos en topónimos: La Habana, El Salvador.		
Accidentes geográficos: falla de San Andrés, desierto de Atacama.	Sustantivos que los acompañan: sierra, golfo, río, cordillera.	
Regiones militares: Tercera Región Aérea.		
Disciplinas científicas: Literatura (y cursos): Literatura Hispánica del siglo xx (que designen estudios).	Las ramas del conocimiento: matemáticas, química, lingüística.	
Movimientos culturales y artísticos: el Muralismo mexicano, el Romanticismo, el Renacimiento.	Sus escuelas y estilos: indigenismo, dadaísmo, realismo mágico.	
Periodos históricos, prehistóricos y geológicos: la Guerra Fría, el Medievo, el Jurásico.	Los adjetivos que especifican los periodos: el Imperio romano, el Jurásico medio.	
Cuando se trata del periodo histórico que se caracterizó por una forma de Estado o gobierno: el Imperio romano, la Colonia.	Formas de Estado y gobierno: república, dictadura, monarquía.	Si forma parte del nombre del Estado, con mayúscula: Estados Unidos Mexicanos. Pero no con el genérico: república mexicana.
	Tendencias ideológicas y políticas: socialismo, comunismo, capitalismo.	

Monumentos y edificios: el Coliseo, la Torre Eiffel.		
Calles: Amores, Coyoacán.	Los sustantivos genéricos que describen las calles o espacios urbanos: calle Amores, avenida Coyoacán.	
La primera palabra que inicia un texto.		
Los apodos y alias: el Chapo, el Che.		
Sobrenombres: el Manoslargas, la Güera.		
Nombres de obras: *El Guernica*.		Las formas abreviadas también van en alta: *La vida de Lazarillo de Tormes y de sus fortunas y adversidades/El Lazarillo*.
La primera palabra de los títulos de libros, películas, programas de radio, televisión y series, pinturas... en su versión completa y abreviada: *Carbón animal, Diccionario panhispánico de dudas, Pulp Fiction, La casa de papel*.		Si hay un subtítulo, se aplican las normas de puntuación.

En publicaciones periódicas, como diarios, revistas, boletines, todas las palabras que no son las vacías (artículo, preposición, conjunción), excepto los casos en lo que inician la expresión: *El Universal*, *Expansión*, *Novedades y noticias de La Rosa*.		
	Profesiones: filólogo, médico.	
Abreviaturas de tratamientos: Sr., Sra., Gral.	Tratamientos: señor, señora, general, papa, don.	Basílica de San Pedro, su Santidad, su santidad Juan Pablo II. Cuando el tratamiento es parte de un nombre propio o se refiera a un cargo elevado que no se acompañe del nombre.
Festividades: Día del Padre, Día de la Madre, Año Nuevo, Semana Santa. Excepto las palabras vacías, que van en minúscula.		
	Meses, días de la semana, estaciones del año: julio, martes, primavera.	

Departamentos, organismos, instituciones, asociaciones en su mención extensa y abreviada: Real Academia Española.	Artículos, preposiciones y conjunciones que son parte del nombre en baja.	Las formas abreviadas también van en alta: la Academia.
Premios y sus categorías: Premio Nobel, Nobel de Literatura.	Designa al ganador: el nobel Octavio Paz.	
	En las direcciones web después de punto va en bajas: www.gmail.com	
Equipos deportivos en su forma completa o abreviada: Club de Futbol América, las Chivas.	Nombre común con el que se conoce al equipo o los integrantes: los rayados, las águilas.	
Cuando el punto cardinal es parte de un nombre: Corea del Norte, Europa del Este. Símbolos de los puntos cardinales: N, S.	Puntos cardinales: norte, sur este, oeste, noroeste, sureste, hemisferio sur, rumbo al este.	
Cuerpos celestes: Vía Láctea, estrella Sirio.		
En el caso de Tierra, Sol, Luna, nombres de los astros usados en contextos astronómicos.	En cualquier otro ámbito: tierra, sol, luna.	
	Unidades de medida y sus símbolos: gramo, centímetro, pulgada, g, cm, in.	Los símbolos que vienen de nombres propios van en mayúscula: N (de Newton).

Mayúsculas exigidas por la puntuación		
Después de punto y seguido y punto y aparte.	Después de punto y coma y de coma.	
Después de los dos puntos que inician un comunicado: Estimada Elena: Nos comunicamos...		
En frases interrogativas y exclamativas.	En frases interrogativas y exclamativas.	

No creas el mito de que las mayúsculas no se acentúan: si su ortografía lo pide, llevan tilde.

Puntuación

Los signos de puntuación son marcas gráficas que se colocan en los textos para una correcta comprensión y organización de las ideas, así como para propiciar una lectura ágil y ordenada. Todos los signos delimitan ideas y tienen su propia normativa.

Ejemplo
Sí, se lo pedí.
Sí se lo pedí.
¿Sí se lo pedí?
¡Sí! ¿Se lo pedí?

La oración anterior tiene en todos los casos las mismas palabras, pero lo que cada una expresa es completamente distinto debido a la significación de cada puntuación. Así de importante es que sepas utilizar este recurso ortográfico.

Un signo suele cumplir varias funciones, por eso es importante conocer las posibilidades de cada uno, ya que ese dominio de las diversas reglas permite no solo evitar la incorrección, sino incrementar las posibilidades expresivas de la enunciación. En casos específicos, un signo podría ser sustituido en la expresión por otro con la misma función, pero, en general, elegir si aplicar una puntuación u otra, o mejorar tu redacción cambiando a un signo más adecuado, te permitirá enunciar de maneras distintas la idea. Ese abanico de posibilidades se ampliará entre más normas aprendas de cada uno.

Anoto las normas y las dudas más comunes de la mayoría de los signos:

- **Combinación de signos.** Se vale combinar; de hecho, es un recurso común en una redacción competitiva, mas no es una rifa, hay que hacerlo con orden y según las reglas de puntuación de cada componente. Con que conozcas cómo se emplea cada signo de manera individual, podrás correlacionarlos sin problema, pues las normas se complementan en la combinación de signos.
- **Coma.** Separa secciones de un enunciado, tiene una función de organización y delimitación de partes dentro del texto. Su normativa es extensa, solo abordaremos algunas de las que más confusión suelen generar.
  - Conocida como "coma asesina", es la que se interpone entre el sujeto y el predicado. Es una separación innecesaria e incorrecta.

    Ejemplo

    La contadora, pidió cambiar la reunión para las 10:00.
  - Delimita oraciones suplementarias a la idea principal, es decir, aquellas que agregan, especifican o complementan información.

Ejemplo

Aunque llegué un poco tarde, unos veinte minutos después, creí que aún lo encontraría.

Veinte minutos es la información adicional dentro del inciso de las comas.

— Los **vocativos**, palabras que nombran o llaman a una persona, se colocan entre comas.

Ejemplo

María, no puedes perderte mi fiesta.

> Si no te diriges a la persona y solo la estás enunciando, entonces no se usa la coma del vocativo.

Ejemplo

Yo quería que María asistiera a mi fiesta, pero no estaba en la ciudad.

> Los vocativos se componen por más de una palabra, así que cuidado con cortarlos.

Ejemplo

Querida María, hola. Doctor Del Valle, gracias por recibirme.

> Pueden iniciar la oración o insertarse en otros espacios.

Ejemplo

Como bien saben, amigos míos, no me gusta hablar en público, pero...

— En general, se escribe antes de "pero", "aunque", "mas", "sino", pero no después.

Ejemplo

Intenté terminar la lectura, mas el libro no me atrapó.
No pensó en los demás, sino en su propio interés.

— Las interjecciones se colocan entre comas o se aíslan por una sola si la interjección inicia la oración [da un salto al apartado "Puntuación en interjecciones"].

Ejemplo

Qué bonito libro, ¡ah!, yo quiero uno.

Buuu, perdiste.

— Los elementos de un listado se separan por comas.

Ejemplo

Compra en el mercado manzanas, peras, cebollas y calabazas.

— En los saludos o el inicio de un documento con vocativo no se utiliza coma si la siguiente línea es aparte, ahí van los dos puntos.

Ejemplo

Querida María:

Gracias por asistir a mi fiesta.

> Pero si el texto es corrido, aplica la coma de vocativo.

Ejemplo

Querida María, gracias por venir a mi fiesta.

— Expresiones confirmativas, aquellas que agregas al final de tus mensajes en un tono de confirmación.

Ejemplo

Sabes llegar, ¿verdad?

Yo creo que le gustaría más el verde, ¿no?

— Omisión del verbo. La coma puede sustituir al verbo en una secuencia en la que se repite prontamente o si es obvio.

Ejemplo

Yo quiero tres; María, dos.

En ese ejemplo, es como escribir:

Yo quiero tres; María quiere dos.

• **Punto.** Su función es delimitar el cierre de ideas gramaticalmente completas, es decir, con un verbo conjugado. Existen el punto final (concluye el texto), punto y seguido (separa oraciones dentro de un párrafo) y el punto y aparte (separa párrafos o partes).

- **Punto y coma.** Es un signo que vincula ideas, pero la gente suele tenerle miedo, o eso parece por lo poco que se emplea. Separa las partes de un enunciado que tienen relación entre sí. También se utiliza como una pausa intermedia entre la coma (cuando la consecución es muy inmediata) y el punto (cuando no hay consecución, sino una clara separación de ideas).

  — Separa oraciones que son independientes, pero con relación directa entre sí.

  Ejemplo

  Me parece competitiva su postulación; no tengo noción de su trayectoria.

  > Puede sustituir a la conjunción o preposición en estos casos.

  Ejemplo

  Me parece competitiva su postulación, pero no tengo noción de su trayectoria.

  — Separa oraciones extensas, pero cuya idea no ha concluido —en ese caso se usaría el punto—, si hay un conector ("pero", "por lo tanto", "sin embargo", "no obstante", "mas", etc.) entre una y otra idea del largo enunciado.

  Ejemplo

  Acordamos la fecha de entrega para el 5 de noviembre cuando iniciamos con el proyecto, hace unas tres semanas, si no mal recuerdo, y no nos preocupaba la incipiente presentación de resultados, pues estábamos trabajando apegados a nuestro calendario; sin embargo, ninguna planeación, por más completa que parezca, puede prever los cambios de último minuto, como sucedió con este proyecto: nos llamaron apenas ayer para avisarnos que adelantaron la entrega ¡para el día 1!

— Las expresiones con elementos que ya tienen coma en su estructura se separan con punto y coma.

Ejemplo

Compra en el mercado manzanas, dos kilos; peras, cuatro; cebollas, tres blancas y una morada; calabazas, tres kilos.

- **Dos puntos.** Los hay dos puntos y seguido (hay continuidad en la línea) y dos puntos y aparte (hay un espacio entre los párrafos).
  - Anuncian una cita, lo que sigue en la oración o lo que antecede.
  - En esquemas o listados, los puntos indican el concepto a definir.

- **Puntos suspensivos.** Se llaman puntos suspensivos o tres puntos, pero no "tres puntos suspensivos", pues es redundante. Y se conforman exclusivamente de tres (no sumes ni restes) puntos consecutivos. Sus tres usos principales:
  - Señalan la interrupción del discurso para generar suspenso, pausa, duda, atención, o expresar que la idea está inconclusa.
  - Indican continuidad de un listado de elementos.

  Ejemplo

  Vine bien preparada, en la maleta tengo todo: vestidos, pantalones, trajes de baño, chamarras, accesorios...
  - Equivalen a "etcétera". O se utilizan los puntos suspensivos o se escribe "etcétera", pero no ambos, pues es reiterativo e innecesario; es igual que escribir: "etcétera, etcétera" o "......".
  - Omiten información desconocida o porque se decide evi-

tar; en este caso se combina con corchetes o paréntesis:

Ejemplo

"Vine a Comala [...] Mi madre me lo dijo" (Rulfo, Pedro Páramo).

> O sustituye ciertas palabras, como las groserías:

Ejemplo

¡Vete a la m...! Hijo de la...

- **Interrogación y exclamación.** Expresan sorpresa, alegría, enojo, extrañeza, incredulidad, molestia, excitación, duda. Son signos dobles, esto quiere decir que se abren y se cierran en el mismo orden y número; deben usarse como espejos:

Ejemplo

¡¡¡Te extraño!!! ¿Te dijo eso?

Si es la intención del enunciado, puedes combinar exclamación e interrogación en espejo —signo, orden y número—.

Ejemplo

Que te quiere, ¡¿te dijo eso?!

> Además de reflejarse, enmarcan las oraciones exclamativas e interrogativas directas [regresa unas páginas a "Tilde diacrítica en interrogativas y exclamativas" si dudas de cuál es directa y cuál indirecta].

Tanto con la interrogación como con la exclamación, también puede optarse por usar un solo signo aplicando la siguiente norma: se escribe el signo de cierre de exclamación o de cierre de interrogación entre paréntesis para enfatizar la intención de la oración:

Ejemplo

Me gusta mucho (!) cómo se te ve el azul.

Si fuera capaz (?) de llegar temprano.

> Hay una excepción en la que el espejo se rompe: si en una expresión va implícita tanto la emoción o sorpresa como la incredulidad, puede abrir un signo y cerrar otro.

Ejemplo

¡Que te preste cuánto?

Como sabes, también podrías escribir:

¿¡Que te preste cuánto!?

En las varias posibilidades está la riqueza de tus expresiones; hay oportunidad de elegir.

— El uso de mayúscula o minúscula depende de la finalización o no de tu oración. En el primer caso no se acompañan de otros signos y la siguiente palabra llevará mayúscula inicial (¡Nos vemos mañana! Yo te llamo para quedar en una hora), y en el segundo pueden combinarse con otras puntuaciones: coma, punto y coma, puntos suspensivos y dos puntos y seguido, con palabra inicial en minúscula (¿Para cuántas personas hago la reservación?, no recuerdo si cuatro o cinco). Nunca va punto después del cierre de exclamación o interrogación.

Si hay una cadena de exclamaciones o interrogaciones, puedes separar de distintas maneras las oraciones y aplican las altas y bajas correspondientes según el signo, pero elige un recurso y sé homogéneo en su aplicación.

Ejemplo

¿Qué? ¿Cómo? ¿Cuándo? No me queda claro.

¿Qué?, ¿cómo?, ¿cuándo? No me queda claro.

¿Qué?; ¿cómo?; ¿cuándo? No me queda claro.

- **Guion.**
  - Corto (-). Marca la división de la palabra al final de una línea. Es también un signo de unión de nombres o apellidos (Diez-Canedo), entidades o gentilicios (ítalo-francés), adjetivos o conceptos (político-social). No debe confundirse con el signo matemático de menos.
  - Largo o raya (—). Hay rayas o guiones largos simples y dobles. Como signos dobles delimitan información adicional dentro de las oraciones, tanto en incisos explicativos como en **acotaciones**, que son indicaciones del autor o de quien interviene el texto.
    > Como signo simple se utiliza principalmente en diálogos, en donde se coloca para indicar que inicia. Por su parte, en diálogos, las acotaciones se señalan con signos dobles o la raya simple, dependiendo de su lugar en la oración

    Ejemplo
      - Tenía la intención de llegar temprano —argumentó casi sin preocupación—, pero sabes que eso de levantarme temprano no se me da. —Tenía la intención de llegar temprano —argumentó casi sin preocupación.
  - Cuando se trata de información explicativa puede insertarse en cualquier parte del enunciado; si la explicación está al final de la oración, es opcional insertar o no la raya de cierre.
  - Como signo simple, es también una opción para iniciar enumeraciones en forma de lista; lo enunciado empieza en minúsculas, a diferencia de escribir con mayúscula después de dos puntos y aparte en una enumeración [baja unas páginas a "Puntuación en enumeraciones"].

— Bajo (_). Se utiliza en el entorno digital e informático, en direcciones de correos electrónicos, y podría indicar inicio y fin de cursivas si no se contara con el recurso de cursivas.

- **Comillas.** Signos dobles que funcionan como espejo, sin excepciones. Establecen dónde inicia y termina lo que se pretende destacar. Se utilizan principalmente para citas textuales: "Nos preocupa el recorte de personal", dijo una empleada en la reunión; señala que se trata de un pensamiento: "Debí haberlo expresado de otra manera", pensé todo el camino a casa; destacan una palabra o concepto: La conjugación del verbo "ser"; particularidades en el texto: "rompido", o el carácter especial de un término: Les dice "amigos", pero por como los trata...

Las secciones dentro de publicaciones más amplias llevan comillas: La ponencia se llama "Los años de García Márquez en México"; apodos o alias: Ernesto "Che" Guevara.

— Una aclaración en títulos: siempre deben destacarse como tales para delimitar dónde inicia y termina la denominación de la obra; puedes usar tanto comillas como cursiva, pero te invito a optar por la segunda **alteración tipográfica**, pues así evitarás que se vean tantas bolitas o rayitas brincando entre tus líneas de texto.

— En su combinación con los signos coma, punto, punto y coma y dos puntos, van después de las comillas de cierre.

— Angulares, españolas o latinas (" "). Aunque la Academia las sugiere como la primera opción, en América y en los manuales son más comunes las inglesas.

— Altas o inglesas (" "). Tanto las comillas españolas como las inglesas son sustituibles siempre y cuando se elija trabajar con una de ellas. Si necesitaras de ambas en un texto, inicia con las españolas y continúa con las dobles, como se nota en la jerarquía de uso.

— Sencillas o simples (' '). Se utilizan dentro de las comillas inglesas o angulares, pero no de manera independiente, excepto en titulares de medios de comunicación —porque las dobles ocupan más espacio— o para enmarcar significados de palabra.

— Jerarquía del uso de comillas: " " ' ' " "

Ejemplo

Recuerdo sus palabras: "Los nardos me recuerdan a esos versos "Ni 'nardos' ni caracolas tienen el cutis tan fino"".

- **Paréntesis, corchetes y llaves.** Son signos dobles y funcionan siempre como espejo. Igual que las comillas, son delimitadores, establecen el inicio y término de lo que se pretende destacar, pero tienen distintas funcionalidades. En los tres casos, si cierran oración, el punto se coloca detrás del signo de cierre.

  — Paréntesis ( ). Insertan en enunciados información complementaria o explicaciones; las fechas son un caso común: Sucedió durante la Guerra Cristera (1926-1929). En textos dramáticos, se aplica para insertar las acotaciones. Introducen opciones de una palabra: Extraño(s). Así como los corchetes, son parte del recurso de omisión de información de los puntos suspensivos, recuerda el ejemplo: "Vine a Comala (...) Mi madre me lo dijo."

  — Corchetes [ ]. Insertan en los paréntesis datos todavía más precisos. Cuando se quiere comentar una cita, las acotaciones se colocan entre corchetes.

  — Llaves { }. Se utilizan para expresiones informáticas y matemáticas. En un texto no sustituyen ni a los paréntesis ni a los corchetes.

— Jerarquía del uso de paréntesis y corchetes: ([ ]).

Ejemplo

Se cree que fue aprehendido durante la Guerra Cristera (1926-1929 [lo habrían detenido en los primeros dos años]).

- Puntuación en onomatopeyas. Son las grafías que, por imitación, representan un sonido. Son expresiones que también se puntúan. Conversamos: bla, bla, bla, bla, bla, bla; no blablablablabla. Los signos que las acompañan son interrogaciones, exclamaciones, comas y puntos, y el manejo de estos dependerá de la intención, por ejemplo, nos reímos: ja, ja, ja, ja; no: jajajaja; y carcajeamos:¡ja, ja, ja, ja!

  ¡Uf!

  Pío, pío, pío, pío, pío.

  ¡Achú!

  ¿Mmmm?

  ¡Muak!

  Toc, toc.

  Zzz...

- **Puntuación en interjecciones.** Son palabras o expresiones invariables, se acompañan principalmente de exclamaciones. Hay interjecciones independientes: *¡Guácala!* Y otras que se insertan en la oración: *Cuando me acusaron, ¡por dios!, quería matar a mis compañeros.*

- **Puntuación en enumeraciones.** Las enumeraciones, listados de palabras o expresiones, son un recurso gráfico para ordenar ideas y requieren de un orden tanto en sus elementos anotados como en su puntuación. Hay enumeraciones en horizontal y en vertical; en ambos casos se aplican las normas de los signos de puntuación.

Ejemplo

Mi lista de buenos deseos de este año: terminar de pintar la sala, comprar el molino del café, visitar más a mis familiares, eliminar la Coca-Cola de mi dieta.

Ejemplo

Mi lista de buenos deseos de este año:

- Terminar de pintar la sala.
- Comprar el molino del café.
- Visitar más a mis familiares.
- Eliminar la Coca-Cola de mi dieta.

Hay más de una manera de puntuar, y la que elijas será correcta, pero no se vale combinar. Anoto dos posibilidades más.

Ejemplo

Mi lista de buenos deseos de este año:

- terminar de pintar la sala,
- comprar el molino del café,
- visitar más a mis familiares,
- eliminar la Coca-Cola de mi dieta.

— Aunque es más común que en este último caso el listado se maneje dentro de una oración: Mi lista de buenos deseos de este año: terminar de pintar la sala, comprar el molino del café, visitar más a mis familiares, eliminar la Coca-Cola de mi dieta.

Ejemplo

Las ciudades más visitadas de México.

- Ciudad de México
- Oaxaca
- Acapulco
- Guadalajara

Capítulo 6

Los mandamientos de la escritura competitiva
De lo imperdonable y de lo imprescindible

- Una redacción competitiva es un diferenciador en un mundo en el que cada vez hablamos menos de frente y más a través de la pantalla.
- ¿Quieres distinguirte como escritor? Tus bases son adecuación, dominio de tu entorno comunicativo, corrección y revisión.
- Página en blanco ladra, pero no muerde. Puedes vencerla si tienes claro qué y para qué vas a comunicar tu mensaje.
- Un escritor está en ambos lados: redacta y lee a la par.
- Aprende de los mejores autores. Ser un lector ávido incrementará tu criterio y tus habilidades como escritor.
- Tu lector no tiene por qué intuir lo que tú quieres decir. Es responsabilidad tuya la claridad del mensaje.
- Si eres claro y adecuado en tu mensaje, este llegará a tu interlocutor.
- Que el lector no naufrague en tu texto: ancla bien esa progresión temática, utiliza tus palabras clave y asegura la cohesión

entre tus párrafos.

- Identifica y elimina los vicios en tu redacción. Destaca y replica los valores.

- No digas ni más ni menos: coherencia, concisión y legibilidad.

- Aprender, mejorar y volver la escritura un hábito es un maratón. Ponte en forma escribiendo más y más.

- Dudar es un don. El principio de la autocorrección es cuestionarte.

- Procesos de la redacción competitiva: preparación-escritura--revisión. Si te saltas uno, pierdes.

- Escribe-reescribe. Lee-relee. Y vuelve a empezar.

- Rodéate de buenas referencias: formales y fiables, y hazte de autoridades favoritas.

- "Es que él dijo que el otro dijo que ese lo leyó en algún lugar..." no es opción. Para la citación y referenciación, confía solo en lo que tú hayas corroborado.

- Utiliza todas las herramientas de consulta posibles. Una referencia nunca es suficiente.

- Nunca, nunca, ¡nunca!, copies y pegues de internet.

- Todo se registra, todo se replica, todo se guarda.

- Un escritor se conforma de múltiples personalidades, porque ningún mensaje es igual a otro. Encuentra el tono para cada texto.

- En tu vida escrita hay un antes y un después de tus errores o de tu corrección.

- Una buena corrección es fundamental, porque los errores son grandes distractores.

- El estudio y la comparación de la normativa del español son la clave de la corrección.

- ¡Concéntrate! Cualquier texto, por breve que sea, merece tu total atención.

- No presiones a tu texto recién redactado. Déjalo descansar horas, días o semanas. Cuando regreses a él, tendrás una perspectiva más clara de tus propias palabras.
- Cuando no sepas cómo decirlo, cambia la frase.
- No te arriesgues en un canal que no domines. Tómate el tiempo de entender cómo funciona ahí la comunicación.
- El léxico es creación y recopilación. Asimila los términos nuevos a tu alrededor y poseerás un amplio vocabulario.
- Con quién sí y con quién no... No con todas las personas puedes comunicarte igual.
- Selecciona tus criterios según el análisis, la corrección y la adecuación de tu texto. Defiende tu estilo con conocimiento y con decisión.
- La redacción competitiva te proyecta como un hablante y redactor profesional.
- Cuando eres competitivo en tu redacción, tus palabras te respaldan.

Capítulo 7

Recursos

Referencias y bibliografía

La siguiente es una bibliografía para quienes están decididos a mejorar su escritura. Para los interesados en el español como lengua y su historia. Para los profesionales de la escritura, edición y corrección. Para los escritores. Y para ti, que ahora sabes que los recursos son necesarios y están a la mano para tus propias consultas y como herramientas para la autocorrección de tus textos. En un apartado previo revisamos cómo elegir los recursos, así que ahora depende de ti cómo los aproveches.

Y también es un apartado para mí, porque el listado que comparto aquí es parte de mis referencias como profesionista del lenguaje, pues muchos de estos textos me han acompañado desde el principio y los demás me han sorprendido en el camino. A lo largo del libro cité a varios autores, para mí autoridades, que son algunos de mis referentes más cercanos. Asimismo, encontrarás otros más que descubrí durante mi investigación para esta obra, pues esta sección fue indispensable para mi propia redacción competitiva del libro que tienes en las manos. Todas las referencias están aquí porque sé que te ayudarán.

En este capítulo hay una amplia bibliografía tanto de libros y referencias electrónicas como de recursos digitales. Ya lo hemos visto, las dos primeras tipologías de recursos se basan en lo digital y lo físico [regresa al apartado "Sé autosuficiente en tus redacciones. Cómo resolver tus propias dudas" del capítulo 2]. Mi sugerencia: recurre a ambas, incluso para la misma consulta; un recurso no invalida al otro, al contrario, lo complementa. Aunque se trate del mismo libro, a veces las ediciones impresa y digital no tienen la misma información. Los recursos impresos pueden quedarse un poco atrás porque su actualización no es inmediata —como suele suceder en la red—, tarda mucho más debido al proceso natural de la edición: reeditar el libro o simplemente reimprimirlo, distribuirlo, que lo compres por primera vez o adquieras la nueva edición. Pero no significa que no sean útiles; al contrario, como herramienta de estudio y de consulta son mucho más cómodos, porque están físicamente a tu lado y tienen la ventaja de que puedes intervenirlos a tu gusto para hacerlos más eficientes a favor de tus consultas. Esto quiere decir: ráyalos todo lo que quieras, invádelos de pósits y de anotaciones, llénalos de colores. O tal vez seas respetuoso con los libros impresos y prefieras no rayarlos. Como sea, siempre acude a ellos como herramientas de consulta.

Por su parte, los recursos digitales son tan maravillosos debido a la inmediatez (podrías no estar en casa o en la oficina donde tienes tus recursos físicos e incluso así acudir a los electrónicos), su pronta renovación y la posibilidad de interacción directa y constante, como sucede en los foros, chats y páginas de consulta.

Este apartado es una herramienta. Las referencias y la bibliografía están organizadas por temática, para que sea más accesible según tu tipo de consulta. Todas son obras revisadas, citadas en este libro o atesoradas por mí. En algunos casos ha sido complejo colocar un título en una u otra sección, pero he intentado posicionarlos en la sección que me parece más cercana a sus contenidos.

 Reflexiona
Recurre a todas las posibilidades de consulta, una nunca es suficiente. Combina los recursos digitales y físicos, individuales y colectivos, de consulta y de referenciación.

Historia del español y de la lengua

Academia Norteamericana de la Lengua. *Hablando bien se entiende la gente*. Nueva York: Santillana USA, 2010.

Alatorre, Antonio. *Los 1001 años de la lengua española*. México: Fondo de Cultura Económica, 2003.

Bernárdez, Enrique. *¿Qué son las lenguas?* Madrid: Alianza Editorial, 2004.

Celorio, Gonzalo. *Del esplendor de la lengua española*. México: Tusquets/UNAM, 2016.

Chartier, Roger. *Cultura escrita, literatura e historia*, 2.ª ed. México: Fondo de Cultura Económica, 2000.

Fundación del Español Urgente. *Compendio ilustrado y azaroso de todo lo que siempre quiso saber sobre la lengua española*. México: Debate/Fundéu, 2014.

García Arrollo, Laura. *Funderelele*. México: Destino, 2018.

_____. *Enredados*. México: SM, 2015.

Gómez Font, Alberto; Castro, Xosé; Martín, Antonio; Buen Unna, Jorge de. *199 recetas infalibles para expresarse bien.* España: Vox, 2015.

Grijelmo, Álex. *Defensa apasionada del idioma español,* 2.ª ed. España: Punto de lectura, 2004.

_____. *El genio del idioma.* España: Taurus, 2004.

_____. *La seducción de las palabras.* España: Taurus, 2000.

Jácome, G. A. *Gazapos académicos en "Ortografía de la lengua española".* Quito: Editorial Verbum, 2003.

Lázaro Carreter, Fernando. *El dardo en la palabra.* España: DeBolsillo, 2015.

Morábito, Fabio. *El idioma materno.* México: Sexto Piso, 2014.

Moreno Fernández, Francisco. *La maravillosa historia del español.* Instituto Cervantes-Espasa, España, 2015.

Swadesh, Mauricio. *El lenguaje y la vida humana,* 10.ª reimpresión. México: Fondo de Cultura Económica, 2006.

●●●

Léxico

AML. *Corpus Diacrónico y Diatópico del Español de América (CORDIAM):* redea.cordiam.org

_____. *Índice de mexicanismos registrados en 138 listas publicadas desde 1761.* México: Fondo de Cultura Económica, 2000.

_____. *Refranero Mexicano:* www.academia.org.mx/universo:lema/ obra:Refranero-mexicano

Company Company, Concepción; Melis, Chantal. *Léxico histórico del español de México: Régimen, clases funcionales, usos sintácticos, frecuencias y variación gráfica,* reimpresión. México: UNAM, 2005.

Lara, Luis Fernando. *Herencia léxica del español de México*. México: El Colegio Nacional, 2018.

Macazaga, César. *Vocabulario esencial mexicano: Léxico de las cosas de México*. México: Cosmos, 1999.

Manjarrez, Héctor. *Útil y muy ameno vocabulario para entender a los mexicanos*. México: Grijalbo, 2011.

Mejía Prieto, Jorge. *Así habla el mexicano. Diccionario básico de mexicanismos*. México: Panorama, 1987.

Molero, Antonio. *El español de España y el español de América. Vocabulario comparado*. Madrid: Ediciones SM, 2006.

Molino de ideas. *Hemero*: www.hemero.es

Moreno de Alba, José G. *El español en América*. México: Fondo de Cultura Económica, 1988.

_____. *Suma de minucias del lenguaje*. México: Fondo de Cultura Económica, 2004.

RAE. *Corpus de Referencia del Español Actual (CREA)*: corpus.rae.es/creanet.html

_____. *Corpus del Español del Siglo XXI (CORPES XXI)*: web.frl.es/CORPES/

_____. *Corpus del Nuevo Diccionario Histórico del Español (CDH)*: web.frl.es/CNDHE

_____. *Corpus diacrónico del español (CORDE)*: corpus.rae.es/cordenet.html

_____. *Nuevo Tesoro Lexicográfico de la Lengua Española (NTLLE)*: buscon.rae.es/ntlle/SrvltGUILoginNtlle

UNAM. *Corpus del Español Mexicano Contemporáneo (CECM)*, 1921-1974: corpus.unam.mx/corpus

_____. *Corpus Electrónico para el Estudio de la Lengua Escrita* (CEELE): http://www.corpus.unam.mx/ceele

_____. *Corpus Histórico del Español en México* (CHEM): corpus. unam.mx/chem

Zaid, Gabriel. *Mil palabras*. México: Debate, 2018.

● ● ●

Escritura

Albarrán, Claudia (comp.). *Cómo escriben los que escriben. La cocina del escritor*. México: FCE/ITAM, 2011.

_____, "Escritura e identidad". *Cómo escriben los que escriben. La cocina del escritor*. México: FCE/ITAM, 2011.

Alemán, Ramón. *Lavadora de textos. La duda, el sentido común y otras herramientas para escribir bien*. La Laguna: Contextos, 2011.

Amaro Barriga, M. J.; Rojas Tapia, A. *Redacción para universitarios*. México: Limusa Noriega, 2007.

Barthes, Roland. *El susurro del lenguaje. Más allá de la palabra y la escritura*. Barcelona: Paidós, 1994.

Bello Arenas, M. *Comprensión lectora y redacción*. México: Quinto Sol, 2011.

Calsamiglia, H.; Tusón, A. *Las cosas del decir*. Barcelona: Ariel, 1999.

Cassany, Daniel. *Reparar la escritura. Didáctica de la corrección de lo escrito*. Barcelona, Paidós, 2000.

_____. *Tras las líneas*. Barcelona: Paidós, 2006.

_____. *La cocina de la escritura*, 1.ª ed. mexicana. Barcelona: Anagrama, 2016.

Castelló, M. (coord.). *Escribir y comunicarse en contextos científicos y académicos. Conocimiento y estrategias.* Barcelona: Graó, 2007.

Cervera Rodríguez, Ángel, *et al. Saber escribir.* México: Aguilar, 2007.

Cohen, Sandro. *Redacción sin dolor,* 5.ª ed. México: Planeta, 2010.

Escalante, Beatriz. *Curso de redacción para escritores y periodistas (teorías y ejercicios).* México: Porrúa, 2005.

Guardiola, Diana. *Actividades de reflexión textual. Lecturas selectas.* México: Trillas, 2011.

_____. *Español para la comunicación eficaz 1. Prácticas,* 4.ª ed., México: Trillas, 2018.

_____. *Español para la comunicación eficaz 2. Prácticas,* 4.ª ed. México: Trillas, 2019.

Guillaumín, A. *El proceso de la escritura.* México: IIESES-Universidad Veracruzana, 2010.

Hernández, Alejandro. "Escribir es inevitable", *Cómo escriben los que escriben. La cocina del escritor.* México, FCE/ITAM, 2011.

Jean, George. *La escritura. Memoria de la humanidad.* España: Ediciones B, 2002.

Lamas, Marta. "Escribir para transmitir", *Cómo escriben los que escriben. La cocina del escritor.* México: FCE/ITAM, 2011.

Lara, Luis Fernando y Felipe Garrido (editores). *Escritura y alfabetización.* México: Ediciones del Ermitaño, 1986.

Lodge, David. *El arte de la ficción.* Barcelona: Península, 2011.

Martín Fernández, Antonio; Sanz Fernández, Víctor Javier. *Dilo bien y dilo claro: Manual de comunicación profesional.* Barcelona: Larousse, 2017.

Saer, Juan José. *El concepto de ficción. Textos polémicos contra los prejuicios literarios.* México: Planeta, 1999.

Serafini, M. T. *Cómo redactar un tema: Didáctica de la escritura.* Barcelona: Paidós, 1991.

_____; Rodríguez de Lecea, Francisco (trad.). *Cómo se escribe.* Barcelona: Paidós, 2001.

Steiner, George; Ladjali, Cécile; Cantera, Gregorio (trad.). *Elogio de la transmisión,* 4.ª ed. España: Siruela, 2016.

Zavala Ruiz, Roberto. *El libro y sus orillas,* 3.ª ed. México: UNAM, 2002.

● ● ●

Lectura

Argüelles, Juan Domingo. *Escribir y leer con los niños, los adolescentes y los jóvenes.* México: Océano, 2011.

Barthes, Roland. *El placer del texto,* 16.ª ed. México: Siglo XXI Editores, 2007.

Manguel, Alberto. *Una historia de la lectura.* Madrid: Alianza Editorial, 2013.

Millán, J. A. *Perdón, imposible: guía para una puntuación más rica y consciente,* Barcelona: RBA Libros, 2006.

● ● ●

Diccionarios

Academia Mexicana de la Lengua. *Diccionario de Mexicanismos.* México: AML, 2010.

Blecua, José Manuel. *Diccionario general de sinónimos y antónimos.* Barcelona: Bibliograf, 1999.

Colegio de México. *Diccionario del español de México*. México: Colegio de México, 2010.

Corripio, Fernando. *Gran diccionario de sinónimos, voces afines e incorrecciones*. México: Bruguera, 1974.

García-Robles, Jorge. *Diccionario de modismos mexicanos*. México: Porrúa, 2012.

Ignacio Bosque (dir.). *Redes. Diccionario combinatorio del español contemporáneo*, 2.ª ed. España: SM, 2008.

Lara, Luis Fernando. *Diccionario del español usual en México*. México: El Colegio de México, 2009.

Martínez de Sousa, José. *Diccionario de usos y dudas del español actual (DUDEA)*, 4.ª ed. España: Trea, 2008.

Moliner, María. *Diccionario de uso del español*, 4.ª ed. Madrid: Gredos, 2016.

Montes de Oca Sicilia, María del Pilar (cuidado de la edición). *Para insultar con propiedad. Diccionario de insultos*. México: Grijalbo/Algarabía, 2016.

Prado, Marcial. *Diccionario de falsos amigos. Inglés-español*. Madrid: Gredos, 2003.

RAE, ASALE. *Diccionario de la lengua española (DLE)*. España: Espasa, 2014.

_____. *Diccionario del estudiante*. España: Taurus, 2016.

Remírez, Pilar. *Gran diccionario usual de la lengua española*. Barcelona: Larousse, 1998.

Seco, Manuel; Andrés, Olimpia; Ramos, Gabino. *Diccionario del español actual*, 2.ª ed. España: Aguilar/Santillana, 2011.

Slager, Emile. *Diccionario de uso de las preposiciones españolas,* España: Espasa, 2007.

Zorrilla, Alicia María. *Diccionario de las preposiciones españolas. Norma y uso.* Argentina: E.D.B., 2002.

● ● ●

Diccionarios en línea

AML. *Diccionario de mexicanismos*: www.academia.org.mx/DiccionarioDeMexicanismos

_____. *Diccionario escolar*: www.academia.org.mx/universo:lema/obra:Diccionario-escolar-de-la-AML

_____. *Diccionario geográfico universal*: www.academia.org.mx/universo:lema/obra:Diccionario-geografico-universal

Así hablamos. El diccionario latinoamericano, para poder entendernos: asihablamos.com

Colegio de México, *Diccionario del español de México*: dem.colmex.mx

cvc.cervantes.es/ensenanza/biblioteca_ele/diccio_ele/indice.htm

Diccionario de Colocaciones del Español (*DiCE*): www.dicesp.com/consultageneral/lemas

Diccionario inverso de la lengua española, lematizado e histórico: dirae.es

Diccionario panhispánico de dudas (*DPD*): www.rae.es/recursos/diccionarios/dpd

Editorial SM. *Diccionario de uso del español actual* (*Clave*): clave.smdiccionarios.com

Gómez de Silva, Guido. *Diccionario breve de mexicanismos*. AML: www.academia.org.mx/index.php/obras/obras-de-consulta-en-linea/diccionario-breve-de-mexicanismos-de-guido-gomez-de-silva

Instituto Cervantes, *Diccionario de términos clave de ELE*: Larousse, VOX. *Diccionarios.com*: diccionarios.com

Lavadora de textos: lavadoradetextos.com

Martínez de Souza, José. *Obras*: martinezdesousa.net/obras.html

Molino de ideas, *Miniñol*: www.mininol.com

Moreno de Alba, José G. *Minucias del lenguaje*: fondodeculturae-conomica.com/obra/suma/r3/buscar.asp

Pérez Ortiz, Juan Antonio. *Diccionario urgente del estilo científico del español,* 1999: www.dlsi.ua.es/%7Ejaperez/pub/pdf/duece.pdf

RAE, ASALE. *Diccionario de americanismos*: lema.rae.es/damer/

_____. *Diccionario de la lengua española* (DLE): rae.es

Seco, Manuel. *Diccionario de dudas y dificultades de la lengua española*: detemasytemas.files.wordpress.com/2011/10/diccionario-du-das-del-espac3b1ol-manuel-seco.pdf

UNAM. *Gran Diccionario Náhuatl* (GDN): gdn.unam.mx

Wordreference. *Diccionario bilingüe y de sinónimos y antónimos*: www.wordreference.com

● ● ●

Resolución de dudas

Domingo Argüelles, Juan. *Las malas lenguas. Barbarismos, des-barres, palabros, redundancias, sinsentidos y demás barbaridades.* México: Océano, 2018.

Gómez Font, Alberto. *Errores correctos*. Madrid: Pie de Página, 2017.

Gómez Torrego, Leonardo. *Gramática didáctica del español*. España: SM, 1997.

Hernández, Elena; Seco, Manuel. *Guía práctica del español actual. Diccionario breve de dudas y dificultades.* Barcelona: Espasa-Calpe, 1999.

Instituto Cervantes. *Las 500 dudas más frecuentes del español,* Barcelona: Espasa, 2013.

Rodríguez, Sofía. *Manual de corrección de textos. Técnicas, consejos y apuntes de clase.* Perú: Fondo Editorial Escuela de Edición de Lima, 2017.

Seco, Manuel. *Nuevo diccionario de dudas y dificultades de la lengua española.* Barcelona: Espasa, 2011.

● ● ●

Consultas electrónicas

AML, *Español inmediato (ESPÍN):* www.academia.org.mx/universo:espin

Fundación del Español Urgente (Fundéu)

- fundeu.es
- Twitter: @Fundeu
- Facebook: @fundeu
- *Lleva tilde*: llevatilde.es

RAE, "Español al día"

- www.rae.es/consultas-linguisticas/preguntas-frecuentes
- Twitter: @RAEinforma
- Wikilengua: wikilengua.org

● ● ●

Gramática

Fonnegra, Gabriel. *Gramática simpática: dudas y problemas del idioma en 35 fáciles cuestionarios*, 2.ª ed. Colombia: Panamericana, 2000.

Gómez Torrego, Leonardo. *Gramática didáctica del español*, 8.ª ed. Madrid: Ediciones SM, 2002.

_____. *Hablar y escribir correctamente. La gramática normativa del español*. España: Arco Libros, 2011.

Nebrija, Antonio de. *Gramática sobre la lengua castellana*. México: Academia Mexicana de la Lengua, 2014.

RAE, ASALE. *Nueva gramática básica de la lengua española*. España: RAE, ASALE, 2011.

●●●

Ortografía

Bezos, Javier. *Tipografía y notaciones científicas*. España: Trea, 2008.

Carratalá Teruel, Fernando. *Taller de ortografía avanzada*. Barcelona: Octaedro, 2013.

Ciruelo, Pilar. *La ortografía para aprender las normas y uso de las grafías del español*. Barcelona: Octaedro, 2010.

Gómez Torrego, Leonardo. *Ortografía del uso del español actual*, 3.ª ed. Madrid: Ediciones SM, 2003.

Martínez de Sousa, J., *Diccionario de uso de las mayúsculas y minúsculas*, Gijón: Trea, 2007.

_____. *Ortografía y ortotipografía del español actual*. Gijón: Trea, 2004.

Millán, José Antonio. *Perdón, imposible: guía para una puntuación más rica y consciente*. Barcelona: RBA, 2006.

Pujol, Josep M.ª; Solà, Joan. *Ortotipografía*. Barcelona: Educaula, 2011.

RAE, ASALE. *Ortografía básica de la lengua española*. Madrid: RAE, ASALE, 2012.

_____. *Ortografía de la lengua española (OLE)*, 1.ª reimpresión en México. España: RAE, ASALE, 2011.

Romeu, Juan. *Ortografía para todos*. España: SinFaltas/JdeJ Editores, 2017.

Serna, Alberto. *Cómo utilizar correctamente los signos de puntuación para redactar bien*. Colombia: Idioma, 2012.

Vicenti, Gabriela. *Ortografía perfecta*. Buenos Aires: Gidesa, 2014.

● ● ●

Manuales de estilo

Agencia EFE. *Manual del español urgente*. Madrid: Cátedra, 2004.

_____. *Manual del estilo urgente*. Barcelona: Galaxia Gutenberg, 2011.

American Psychological Association. *Manual de Publicaciones de la American Psychological Association*. Denver: APA, 2016.

Bezos, Javier. *Texnia*: www.texnia.com

Buen Unna, Jorge de. *Manual de diseño editorial*. Gijón: Ediciones Trea, 2008.

Calsamiglia, H.; Tusón, A. *Las cosas del decir. Manual de análisis del discurso*. Barcelona: Ariel, 1999.

El País. *Libro de estilo*, 16.ª ed., Madrid: El País, 2002.

Escamilla, Gloria G. *Manual de metodología y técnicas bibliográficas*. México: UNAM, Instituto de Investigaciones Bibliográficas, 1988.

Fuentes Arderiu, X.; Antoja Ribó, F.; Castiñeiras Lacambra, M. J. *Manual de estilo para la redacción de textos científicos y profesionales*: www.bio-nica.info/Biblioteca/Fuentes&Antoja.pdf

Fundación del Español Urgente. *Manual de español urgente.* Madrid: Cátedra, 2008.

Gómez Torrego, Leonardo. *Nuevo manual del español correcto I: acentuación, puntuación, ortografía, pronunciación, léxico, estilo,* 2.ª ed. España: Arco Libros, 2004.

_____. *Nuevo manual del español correcto II: morfología y sintaxis.* España: Arco Libros, 2002.

Grijelmo, Álex. *El estilo del periodista.* Madrid: Taurus, 2014.

López Ruiz, Miguel. *Normas técnicas y de estilo para el trabajo académico.* México: Dirección General de Fomento Editorial/UNAM, 1995.

López Valdés, Mauricio. *Guía de estilo editorial para obras académicas.* México: Ediciones del Ermitaño, 2009.

Martínez de Sousa, José. *Manual de estilo de la lengua española* (*MELE*), 5.ª ed. España: Trea, 2015.

Ramoneda, A. *Manual de estilo (guía práctica para escribir mejor).* Madrid: Alianza Editorial, 2008.

● ● ●

Manuales de aparato crítico

American Psychological Association (APA): apastyle.org/manual

Biblioteca de la Universidad Autónoma de Madrid. "Citas y elaboración de bibliografía: el plagio y el uso ético de la información", UAM: https://biblioguias.uam.es/citar

Institute of Electrical and Electronics Engineers (IEEE): ieee.org

International Committee of Medical Journal Editors, Vancouver: icmje.org

Márquez Romero, Raúl; Hernández Montes de Oca, Ricardo; Flores Ávalos, Elvia Lucía (coord. editorial). *Lineamientos y criterios del pro-*

ceso editorial, "Serie J. Enseñanza del derecho y material didáctico", núm. 19. México: Instituto de Investigaciones Jurídicas/UNAM, 2013.

MLA, MLA Style Center: style.mla.org

Perelló, Mercedes, *et al. Manual de citas y referencias bibliográficas*. México: UNAM, 2018.

Romero, Manuel. "Sistema latino", *Manual de citas y referencias bibliográficas*. México: UNAM, 2018.

The Bluebook: legalbluebook.com

The Chicago Manual of Style: chicagomanualofstyle.org/tools_ citationguide.html

● ● ●

Otra bibliografía y referencias consultadas

Asociación de Internet. "13 Estudio sobre los Hábitos de los Usuarios de Internet en México 2017", mayo 2018. México: https://www. infotec.mx/work/models/infotec/Resource/1012/6/images/Estudio_Habitos_Usuarios_2017.pdf (20/05/2018).

Buen Unna, Jorge de. *Diccionario de caracteres tipográficos*, Gijón: Ediciones Trea, 2008.

Centro Virtual Cervantes: "coherencia", "cohesión", "progresión temática", "texto monogestionado", "texto plurigestionado", "contexto", "tipología textual", "corrección", "registro", "análisis del discurso", "texto", "tema", "variedad lingüística", "registro", "lengua materna", "significado discursivo", "significado proposicional": https://cvc.cervantes.es/ensenanza/biblioteca_ele/diccio_ele/indice.htm

Conaculta. *Encuesta nacional de lectura 2015*. México, 2015: https:// observatorio.librosmexico.mx/files/encuesta_nacional_2015.pdf

Coseriu, Eugenio. *Lenguaje y discurso*. España: Ediciones Universidad de Navarra, 2006.

El Economista. "México cuenta con 123.5 millones de habitantes": www.eleconomista.com.mx/politica/Mexico-cuenta-con-123.5-millones-de-habitantes-20170710-0116.html (10/07/2017).

Han, Byung-Chul. *En el enjambre*. España: Herder, 2016.

Instituto Nacional de Estadística y Geografía (Inegi). "Módulo sobre lectura. Principales resultados febrero 2018": www.beta.inegi.org.mx/contenidos/proyectos/enchogares/modulos/molec/2015/doc/resultados_molec_feb18.pdf

_____. "Panorámica de la población joven en México desde la perspectiva de su condición de actividad". México: Instituto Nacional de Estadística y Geografía, 2014.

_____. Módulo sobre lectura (Molec): www.beta.inegi.org.mx/proyectos/enchogares/modulos/molec/

Mars, Amanda. "Mileurista, diez años después", *El País semanal*, 10 de mayo de 2015: https://elpais.com/elpais/2015/05/08/eps/1431113378_624853.html

Martínez de Sousa, José. "Las alternancias o variantes ortográficas", *Rinconete*. https://cvc.cervantes.es/el_rinconete/anteriores/noviembre_00/23112000_02.htm (11/10/2018).

México: Instituto Nacional de Estadística y geografía (Inegi), 2017: www.beta.inegi.org.mx/datos/?t=0200000000000000.

OCDE. *Programa para la evaluación internacional de alumnos (PISA) 2015. Resultados*: https://www.oecd.org/pisa/PISA-2015-Mexico-ESP.pdf

Pedraz, Martín Alonso. *Ciencia del lenguaje y arte del estilo*. México: Aguilar, 1990.

Penas Ibáñez, María Azucena. "Coseriu y los distintos planos de la actividad del hablar y del saber lingüístico en relación con el contenido y las categorías lógicas del juicio", *CAUCE*, núm. 28, Cervantes Virtual: https://cvc.cervantes.es/literatura/cauce/pdf/cauce28/cauce28_15.pdf

Y hablando de consultas… Gracias por sus prontas respuestas a mis consultas en sus áreas de especialidad a Elena Zamora (lexicografía), Yolanda Tejado (filología), Álvaro Martín (corrección de estilo y ortotipográfica), Ilah De La Torre (corrección de estilo), Jorge de Buen Unna (diseño editorial), y Adán Delgado y Martha Ordaz (aparato crítico).

Glosario

Acento prosódico. Realce en la pronunciación de una sílaba, no lleva tilde.

Acepción. Significado de una palabra. En los diccionarios, una entrada —el término a definir— puede tener una o más acepciones —significados—, dependiendo del contexto y de los rasgos. Por ejemplo, la entrada "entrada" tiene 28 acepciones en el DLE (23.ª ed.).

Acotación. En el texto, nota del autor o de quien comenta el escrito con información explicativa, complementaria o indicaciones.

Adecuación. Volver apropiado un mensaje según el contexto, el canal y la enunciación más apropiada para cada situación comunicativa.

Alteración tipográfica. Es la distinción de las letras con un recurso tipográfico —cursivas, versalitas...— para significar la distinción de esas palabras del resto —la cursiva significa que la palabra está en otro idioma, por ejemplo—.

Ambiguo. Que es fácilmente confundible o puede generar dudas.

Aparato crítico. También conocido como modelo de citación y sistema de citación. Se conforma por las citas, las notas a las citas y el listado de referencias.

ASALE (Asociación de Academias de la Lengua Española). Formada en 1951 en México, asociación que publica diccionarios en conjunto y organiza cada cuatro años los congresos de la lengua española. La conforman las veintitrés academias de la lengua española en el mundo: Real Academia Española, Academia Colombiana de la Lengua, Academia Ecuatoriana de la Lengua, Academia Mexicana de la Lengua, Academia Salvadoreña de la Lengua, Academia Venezolana de la Lengua, Academia Chilena de la Lengua, Academia Peruana de la Lengua, Academia Guatemalteca de la Lengua, Academia Costarricense de la Lengua, Academia Filipina de la Lengua Española, Academia Panameña de la Lengua, Academia Cubana de la Lengua, Academia Paraguaya de la Lengua Española, Academia Boliviana de la Lengua, Academia Dominicana de la Lengua, Academia Nicaragüense de la Lengua, Academia Argentina de Letras, Academia Nacional de Letras de Uruguay, Academia Hondureña de la Lengua, Academia Puertorriqueña de la Lengua Española, Academia Norteamericana de la Lengua Española y Academia Ecuatoguineana de la Lengua Española.

Autoridad. Tratándose de referencias sobre un tema específico, son los autores, los libros, las investigaciones, las teorías, las instituciones... más respetadas o replicadas en cada nicho.

Calco. Reproducción, la copia de la construcción de la palabra y de su significado de otro idioma al español.

Canal. Plataforma, formato, programa, espacio en el que produces, reproduces, lees, transmites, etc., el mensaje.

Cantinflear. Enunciar, hablar o escribir mucho, de forma desordenada, sin decir nada.

Coherencia. En un texto, conexión entre las ideas y cómo se expresan, sin contradicciones. Destaca la lógica y es consecuencia de la intención comunicativa de quien escribe.

Cohesión. El texto es una unidad de contenido y de estructura. Hay relación entre los elementos que conforman la redacción.

Composición. Unión de más de una palabra con significado propio con la finalidad de crear una nueva palabra.

Concisión. Brevedad que permite expresar una idea con exactitud, no hay elementos ni ideas de más en la expresión.

Corpus. Recopilación de textos literarios, de ficción, de no ficción, académicos, prensa, transcripciones. Se clasifican y se compara la información de los usos reales registrados de las palabras o expresiones.

Corrección. 1. Rectificar, mejorar, reformar lo errado según las normas ortográficas actuales o las particulares dentro de especialidades. 2. "Cualidad de correcto" (*DLE*, 23.ª ed.).

Derivación. Adición de prefijos o sufijos a una palabra con la finalidad de crear una nueva.

Diccionario de la Lengua Española (*DLE*). Diccionario del idioma español elaborado por la ASALE. Hasta la 22.ª edición fue llamado *Diccionario de la Real Academia Española* (*DRAE*). Hoy se conoce también como "diccionario usual" o "diccionario común".

Entrada. Palabra que se define en un diccionario. Artículo.

Estilo. Por escrito, forma de expresarse característica de cada persona.

Etimología popular. Es una falsa etimología, carente de bases de estudio etimológicas serias y que resulta en una definición cuya intención es transparentar un significado, pero sin bases etimológicas. Suelen ser significados de lo que entiende la gente por una palabra, más ligados a la tradición, al sonido o a la asimilación que al estudio formal etimológico de la palabra.

Extranjerismo. Préstamo lingüístico, palabra o frase de otro idioma incorporado al léxico del español.

Género gramatical. Es una clasificación en la lengua y a la vez una característica gramatical de los sustantivos, adjetivos, pronombres, artículos y participios; se identifica a estos elementos según sean femeninos o masculinos. Existe el género neutro en artículos, pronombres, demostrativos y adverbios. El género gramatical permite la concordancia entre las partículas de las oraciones. No debe confundirse con la clasificación del sexo biológico.

Gramática. Estudio y normas del idioma sobre la estructura de las palabras, su combinación y los significados que generan.

Intención comunicativa. El propósito del mensaje, qué quieres expresar y qué planeas lograr comunicándolo.

Interlocutor. Las personas que participan en una comunicación, en un diálogo hablado o por escrito: lector, escritor, hablante, oyente, receptor del mensaje.

Legibilidad. Que un texto se entiende con facilidad, rápidamente. Es legible tanto en su redacción como en la expresión de su idea.

Léxico. 1. Repertorio de palabras que conforman un idioma. 2. El vocabulario propio de una persona.

Llamada. También conocida como llamada de nota. Indica que el lector encontrará referencias, comentarios o información adicional. Las más recurrentes son el número voladito (^{3}), un símbolo (*) o un número entre paréntesis (1).

Locuciones latinas en aparato crítico (selección).

- *op. cit.*: obra ya citada en el texto, pero no inmediatamente la referencia anterior. Sustituye el nombre de la obra una vez que ya se haya anotado la referencia completa.
  Ejemplo
  Marta Lamas, *op. cit.*, p. 57.

- *ibidem:* en el mismo lugar. Referencia de la fuente de la nota inmediatamente anterior.

  Ejemplo

  Ibidem, p. 58.

- *ibid.*: abreviatura de *"ibidem"*.

  Ejemplo

  Ibid., p. 58.

- *idem.*: lo mismo. Referencia exacta de autor, obra y paginación de la nota inmediatamente anterior.

  Ejemplo

  Idem.

- *cf.* o *cfr.*: confronte. Indica ir a la cita original.

  Ejemplo

  Cf. Marta Lamas, "Escribir para transmitir", *Cómo escriben los que escriben. La cocina del escritor,* México, **FCE/ITAM**, 2011, p. 57.

- *et al.*: y otros. Cuando la autoría corresponde a cuatro o más autores, se anota el nombre del primero seguido de la locución.

  Ejemplo

  Cervera Rodríguez, Ángel, *et al. Saber escribir,* México: Aguilar, 2007.

- *infra*: abajo o en páginas siguientes. Indica buscar la referencia en páginas posteriores.

  Ejemplo

  Infra Cervera Rodríguez, Ángel, *et al.* capítulo 5.

- *supra*: arriba o en páginas anteriores. Indica buscar la referencia en páginas precedentes.

  Ejemplo

  Supra capítulo 2.

- *vid*: véase. Remite al lector a una fuente recomendada o ya citada.

Ejemplo

Vid Cervera Rodríguez, Ángel, *et al. Saber escribir*, México: Aguilar, 2007.

Neologismo. Nueva palabra en una lengua.

Normativa. Criterios lingüísticos de lo que se considera correcto en la lengua. De acuerdo con una norma (de la Academia, de la especialidad sobre la que investigas, del manual que te entregaron en el trabajo), es una regla previamente establecida y conocida por aquellos que habrán de emplearla.

Oración subordinada. Oración que depende de otra, por lo que no es independiente.

Plataforma de escritura. Los canales de comunicación que más utilizas.

Pluriverbal. Expresión conformada por varias palabras.

Post. Mensaje publicado en un blog o en la red social Facebook.

Precisión. Rigurosidad o exactitud que se reflejan en la concisión de una expresión; no hay más elementos que los necesarios para comunicar la idea.

Préstamos. Vocablos que toma una lengua de otra.

Progresión temática. Párrafos coherentes con el tema desarrollado.

Referencia. Mención de las fuentes, autores, citas, conceptos que anotas o en los que te basas para tu redacción.

Registro. Modo de expresarse de un hablante según su entorno comunicativo.

Símil. Comparación de dos cosas e ideas para describirlas a partir de sus semejanzas.

Situación comunicativa. Todos los participantes y recursos que aportan al momento de la comunicación: quién dice, qué dice, quién escucha, en qué formato se lee o en qué espacio se oye, en qué contexto social, cultural, temporal...

Soliloquio. Reflexión, afirmación o discurso que uno se dice en voz alta.

Tuit. Mensaje publicado en la red social Twitter.

Versalita. Letra en minúscula con forma de mayúscula. Su uso se limita a la computadora y a los programas y comandos que tienen esta opción (puedes encontrarla como *"small caps"*).

Vocativo. Palabra que nombra a una persona o su personificación.

Voladita. O letra volada. Son letras, números o símbolos de un cuerpo menor que se colocan en la parte superior de una letra. Se utilizan especialmente para abreviaturas y números.

Wasap. Mensaje enviado en la aplicación WhatsApp.

Serpientes y escaleras:
esquema paso a paso
de cómo tomar decisiones
sobre qué, para qué,
cómo, con qué recursos...
comenzar tu redacción

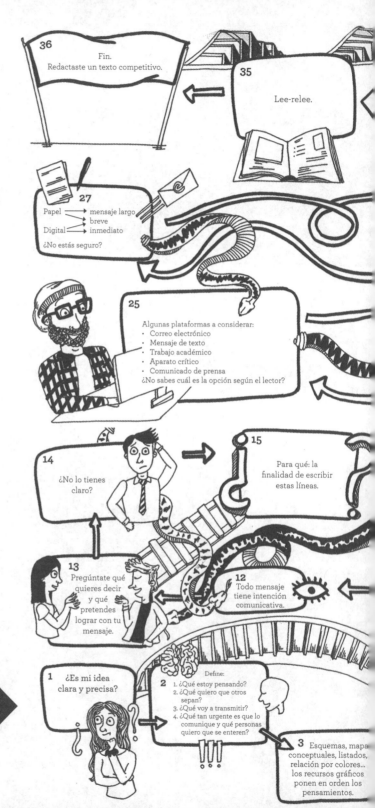